KB182502

흔들리는 팬덤

일러두기

• 한글 전용을 원칙으로 하되, 필요한 경우 원어나 한자를 병기하였다.

• 한글 맞춤법은 '한글 맞춤법' 및 '표준어 규정'(1988), '표준어 모음'(1990)을
  적용하였다.

• 외국의 인명, 지명 등은 국립국어원의 외래어 표기법을 따랐으며, 관례로 굳어진
  경우는 예외를 두었다.

• 사용된 기호는 다음과 같다.
  신문 및 잡지 등 정기 간행물, 영화, TV 프로그램 제목 등:〈 〉
  책(단행본):《 》

흔들리는 팬덤

놀이에서 노동으로,
현실에서 가상으로

 컬처룩 미디어 총서 037

강신규 지음

컬처룩 미디어 총서 037
흔들리는 팬덤
놀이에서 노동으로, 현실에서 가상으로

지은이 강신규
펴낸이 이리라

책임편집 이여진
편집 하이픈
표지 디자인 엄혜리

2024년 12월 30일 1판 1쇄 펴냄

펴낸곳 컬처룩
등록 번호 제2011 – 000149
주소 03993 서울시 마포구 동교로 27길 12 씨티빌딩 302호
전화 02.322.7019 ｜ 팩스 070.8257.7019 ｜ culturelook@daum.net
www.culturelook.net

ISBN 979 – 11 – 92090 – 54 – 2 94300
ISBN 979 – 11 – 85521 – 06 – 0 (세트)

* 이 책은 '2023년 한국방송학회 - GS리테일 방송/영상 분야 저술지원'에 의해 수행되었습
  니다.

culturelook

차례

아이돌 팬덤은 오늘날 우리 대중문화와 사회를 설명하는 주요 키워드 중 하나다. 한때 주변부 문화의 수동적 대상으로 그려졌던 팬이, 이제는 참여와 창조를 통해 고유의 문화를 만들어 가는 주체로 평가받는다. 아이돌 음악은 더 이상 소수의 취향이 아닌 주류 대중문화로 자리 잡았고, 그 중심에서 팬덤은 중요한 역할을 한다. 특정 장르, 텍스트, 스타를 단순 소비하는 데 머물지 않고, 자신들만의 방식으로 그것을 재해석하고 공유한다. 팬덤의 활동은 스스로 정체성을 규정하고, 같은 취향의 사람들과 공동체를 구성하며, 때로는 대중문화 산업의 방향성, 그리고 사회 변화에 영향을 미치는 수준으로 나아간다. 우리의 팬 문화가 국가의 경계를 넘어 글로벌 팬덤에서도 독특한 위치를 차지하고, 양자 사이에 교류가 활발히 이뤄지게 되었음도 빼놓을 수 없다.

　　하지만 팬덤의 힘과 가능성이 커져 온 만큼, 그에 주목한 산업의 팬덤을 향한 개입도 심화돼 왔다. 문화적 하위성을 지녔던 아이돌 팬덤이, 오늘날 위상이 뒤집혀 주류 대중문화에 속하게 된 것도 그러한 개입과 깊게 관계 맺는다. 이제 엔터테인먼트 산업 자본은 연예를 기획하고 매니지먼트함은 물론이고, 관련 정보와 지식의 생산·유통 수단을 소유하고 네트워크 환경을 적극 활용하며, 궁극적으로는 팬 활동 전반에 관여한다. 팬을 산업 생산 요소의 일부로 만들어 산업의 역할 일부를 대신 수행하게 만들고, 미디어와 결합해 톱다운 방식으로 팬덤을 자본에 포섭하고자 한다. 이처럼 팬들의 의미 생산과 주체성 발현이, 새로운 엔터테인먼트 자본주의와 본격적으로 연결되고 있다. 아이돌 팬덤과 엔터테인먼트 산업 자본을 따로 떼서 생각하고 논의할 수 없는 이유다.

문제는 산업의 자장을 경유해 아이돌 팬덤을 바라보는 당연한 일을, 깊이 있게 입체적으로 실행하기가 어렵다는 데 있다. 팬덤이 우리 일상과 너무 가까워졌고, 팬덤을 둘러싼 산업 자본의 개입 전략이 배경화되고 은밀화된 탓이다. 산업 자본은 팬들을 조용히 동원하고 관리하며, 팬들은 (그 사실을 알든 모르든) 산업 자본의 지속 가능한 수익 창출에 복무한다. 팬덤 내부에서 외부로 뻗어나가는 자율적이고 창의적인 힘이 커질수록, 개입 전략의 정교화·복잡화와 함께 팬덤 외부에서 내부로 작용하는 힘은 더욱 커진다. 게다가 후자의 힘은 엔터테인먼트 자본주의의 본격화, 미디어 기술의 발전, 초국가주의의 편재, 국가 차원의 문화 확산 전략 등과 맞물려 갈수록 팬덤에 큰 영향을 행사할 것으로 보인다.

　　이 책은 지금 한국 사회에서의 아이돌 팬덤에 초점을 맞춰, 아이돌 팬덤과 산업의 밀고 당기는 힘이 어떤 원리를 통해 맞물리는지, 그로 인해 팬덤이 어떻게 재/구성되고, 팬들의 삶과 일상에 어떤 변화가 일어나는지 다각도로 분석한다. 다른 한편으로 팬덤이 (엔터테인먼트가 아닌) 다른 산업/자본과 문화, 그리고 한국 곳곳에 만연한 욕망이나 소비 문화와 어떻게 연결되는지도 살핀다. 그렇게 팬덤을 우리 사회와 문화, 그리고 삶 전반과 영향을 주고받는 중요한 논의 대상으로 삼는다. 팬덤은 다층적 양상을 띠고, 변화의 속도도 갈수록 빨라지고 있다. 이러한 팬덤의 양상과 변화의 의미를 이해하는 일은 단지 우리 사회에서 가시화된 하나의 문화적 흐름을 파악하는 수준을 넘어, 사회 전체를 성찰하는 중요한 단서가 될 수 있다고 본다.

　　아이돌 팬덤에 대한 연구와 담론이 그야말로 쏟아지고 있다. 그런 상황에서 이 책은 조금은 다른 논의를 펼치고자 한다. 첫째, 아이돌 팬을 산업 자본에 의해 착취 혹은 포섭되는 지나치게 무기력한 존재로도, 적극적이고 능동적이며 힘과 가능성만을 갖는 존재로도 그리지 않으려 했다. 실제 팬들은 대부분 그 중간 어디쯤 위치하거나, 양쪽 모두에 위치할지도 모른다. 둘째, 문화연구적 관점을 취하되 하위문화론이나 능동적 수용자론의 단순 적용을 지양하고, 지금의 아이돌 팬덤을 새롭게 읽기 위한 여러 개념을 빌려오거나 고안한다. 이를 통해 기존에 없던 방식의 팬 활동 양상 등장과 그에 대한 엔터테인먼트 산업의 침투, 그로 인한 팬덤의 형질 변화를 (기존 논의와의 연관 속에서) 조금은 다른 방식으로 읽고자 한다. 셋째, 팬덤은 고정된 것이 아니며, 시공간, 대상이 되는 산업의 위상과 구조, 그것을 향유하는 사람들의 취향이나 환경 변화 등에 따라 달라질 수 있는 것으로 간주한다. 그것을 언제 들여다봐도 팬덤은 살아 움직이는 '과정'일 수밖에 없다. 따라서 팬덤의 가치보다는 팬덤이 '하고 있는 일'에 주목한다. 그로 인해 이 책 곳곳에서의 팬덤이 서로 조금은 다른 것으로 언급될 수 있음을 미리 밝혀둔다.

이 책은 저자가 그동안 써왔던 아이돌 팬덤에 대한 짧은 글들에 기반을 둔다. 물론 이전 글들을 단순히 엮으려고 하지는 않았다. 글 발표 시점부터 책 집필 시점까지 짧게는 2년부터 길게는 5년의 시간이 흘렀고, 그동안 팬덤에는 정말 많은 일들이 있었다. 뼈대로 삼는 글이 있다고는 해도, 집필 당시의 상황과 맞지 않는 많은 부분을 드러내고, 또 새롭게 등장한 일들에 대한 논의를 채워 넣지 않을 수 없었다. 각기 다른 현상과 이슈를 때론 비슷하게 또 때론 다르게 들여다보려 했던 글들을, 큰 흐름에서 묶고 연결하는 작업도 필요했다. 중간중간 빼먹은 작은 흐름을 모아 이어 붙이는 작업도 잊지 않았다. 이 모든 노력이 독자들로 하여금 아이돌 팬덤의 다양한 면모와 그 의미를 나름의 방식으로 받아들이고, 또 새로운 고민으로 연결해 가게끔 하기 위한 것이다. 모쪼록 이 책 속 모든 혹은 일부의 이야기가 한국의 아이돌 팬덤 담론장에서 또 다른 이야기들로 이어지기 바란다.

책을 쓰는 과정에서 여러 단체와 사람들로부터 도움을 받았고, 곳곳에 그 흔적이 담겨 있다. 먼저, 한국방송학회의 저술지원 사업은 집필을 결심하는 데 큰 힘이 되었다. 멋을 아는 내 일터 한국방송광고진흥공사의 사람들, 항상 연구와 삶에 대한 자극을 주는 일터 밖 동료 연구자들, 아이돌 팬덤의 놀이/노동 연구를 시작부터 끝까지 함께한 이준형 박사, 내게 다른 언어의 세계를 알려주신 스승님들, 그리고 가끔 때로는 자주 시간 내 함께해 주시는 그 밖의 모든 분들의 도움에 감사드린다. 탈고가 지연되는 긴 시간 동안 기다려주시고, 편집 과정 내내 날카롭게 빈 곳을 드러내고 더 나은 생각으로 채워주신 컬처룩 이여진 편집장님께는 머리 숙여 사과와 존경의 마음을 담아 올린다. 마지막으로, 내 모든 것의 시작인 가족, 그리고 늘 나를 더 나은 사람으로 만드는 오하영 박사에게 무한한 신뢰와 사랑을 전한다.

왜 지금 또
팬덤인가

한국 대중음악계가 아이돌 음악 중심으로 재편되면서, 아이돌 팬덤도 주된 소비문화로 자리 잡았다. 팬덤이란 '팬fan'에 어떤 집단의 습성이나 기질을 의미하는 접미사 '-dom'을 결합한 말로, 자발적으로 모인 사람들이 특정 문화 장르, 텍스트, 그리고 스타 등을 선택해 자신들의 문화로 수용하는 현상을 의미한다(김창남, 2010; 김현정·원용진, 2002). 팬은 다른 수용자와는 달리 아이돌/텍스트text[1]에 대해 자신만의 선호 방식

1   넓게 정의할 때 텍스트는 의미 있는 것으로 읽혀지는 모든 것이다. 가령, 어떤 연구자에게는 '세계'도 텍스트가 된다. 이 책에서는 의미 있는 것으로 읽혀지면서 일관적 체계와 완결성을 갖는 문화적 품목(Gray & Lotz, 2011/2017)을 텍스트라 지칭한다. 만화, 영화, 애니메이션, 방송, 게임, 음악과 같은 대중문화 장르도 텍스트이며, 특정 방송 프로그램이나 음반, 그것이 제공되는 플랫폼이나 채널도 예외가 아니다. 이러한 텍스트는 특정한 사회·문화적 맥락에서 관습에 따라 생산·해석되며, 재현 과정의 산물로서 생산자와 수용자 모두를 개입시킨다(Chandler, 2002/2006).

에 기반해 두텁고 섬세하며 반복적인 수용을 행한다. 원 텍스트를 변용하고 새롭게 해석함으로써 자신들의 스타일을 반영한 2차 창작물을 생산하기도 한다. 이러한 활동을 통해 팬은 스스로의 정체성을 규정하고, 취향이 맞는 이들과 공동체를 구성한다. 다른 구성원 및 공동체 바깥사람들과 소통하면서 자신들이 소비/생산한 텍스트의 의미를 공유하고 그에 대한 담론을 펼침은 물론이다(Jenkins, 1992). 뿐만 아니라, 지지하는 아이돌의 활동, 그에 대한 엔터테인먼트사의 지원, 그들이 출연하는 콘텐츠 진행 등과 관련해서는 대외적으로 의견을 적극 표명하고 개입하며 그에 대한 피드백을 실행에 옮긴다. 아이돌 팬덤은 능동적이고 창조적이면서 참여적인 문화의 한 형태이며, 그 속에서 팬은 아이돌/텍스트를 '가지고 노는' 일에 집중한다(Duffett, 2013/2016).

아이돌 팬덤에 대한 과거의 시선은 긍정적이지 않았다. 팬fan이라는 단어 자체가 17세기 후반 영국에서 광신도 fanatic를 줄여 부르는 데 쓰였다. 1900년대 후반 미국의 기자들은 광적인 열정을 지닌 야구 관중을 설명하기 위해 팬을 갖다 붙이기도 했다(Abercrombie & Longhurst, 1998). 영화나 음악과 같은 대중문화에 헌신적인 수용자들을 묘사하는 데 활용하게 된 것도 비슷한 시기의 일이다. 한국에서도 아이돌 팬덤이 본격 등장하기 전인 1990년대 초반까지 팬에 대한 시선은 제한된 틀에서 형성돼 왔다. 아이돌 팬이라는 존재는 진지한 문화 예술이나 사회 문제 등에는 관심이 없거나 적고, 단지 스타에게 맹목적으로 매달리는 특정한 존재, 그렇게 함으로써 산업 자본의 이윤 창출을 위해 조작되고 동원되는 무력한 존재로 인식되기 일쑤였다(김창남, 2010). 폭력적이거나 파괴적 행위를 하는 히스테리컬한 군중의 이미지가 팬들에게 부여되기까지 했다(박동숙, 1999). 당시의 팬덤은 동시대 주류 문화로부터 주변부화된 문화, 지배적인 가치에서 벗어나 있는 문화, 다수가 아닌 소수의 문화였다.

하지만 아이돌 팬덤은 이제 주류 문화에 가깝다. 팬들이 좋아하는 아이돌 음악은 이제 산업 규모, 향유자 수나 이용량 면에서 다른 대중문화 장르와 비슷하거나 그것들을 뛰어넘는다. 2023년 한국 음악 산업은 12조 6,842억 원으로 총 11개 콘텐츠 산업 중 방송, 출판, 지식 정보, 게임, 광고에 이어 여섯 번째로 큰 규모다. 수출 규모는 10억 5,555만 달러로 게임에 이어 두 번째로 크다(한국콘텐츠진흥원, 2024). 한국 음악 산업이 아이돌 음악으로만 이뤄지는 것은 아니겠지만, 아이돌 음악이 매우 큰 비중을 차지하는 데다 특히 수출에 있어 가장 주된 역할을 하고 있음은 부정하기 어렵다. 또, 10~30대 한국인의 절반 이상이 댄스/아이돌 음악을 즐긴다(10대 61.2%, 20대 51.3%, 30대 51.7%). 전체 연령대에서 가장 즐겨 듣는 음악 장르가 발라드라고는 해도 아이돌 음악과 발라드가 완전히 배타적으로 구분되지는 않는다는 점을 감안하면,

아이돌 음악이 한국에서 얼마나 인기가 많은지를 짐작할 수 있다(한국콘텐츠진흥원, 2023).

1990년대 초반까지만 해도 대중음악 팬을 (대개 부정적인 관점에서) 다소 특이한 존재로 여기는 것이 일반적이었지만, 2020년대 아이돌 팬은 더 이상 특이한 존재가 아니다. 아이돌/콘텐츠를 접하지 않고 살아가는 것이 오히려 부자연스럽게 받아들여질 정도다. 일상 속 어느 장소에서든 아이돌 음악이 흘러나오고, 텔레비전에서는 아이돌이 등장하지 않는 오락 프로그램을 찾기 어렵다. 아이돌 팬을 긍정적이지 못한 대상으로 간주하고 거리를 두던 종합 일간지나 지상파 방송에서도 아이돌 팬을 빈번하게, 그것도 긍정적인 모습으로 소환한다. 아이돌 팬임을 자처하는 행위가 떳떳해진 지 오래고, 인기 아이돌의 생일 주간에는 팬들의 축하 광고가 옥외 광고판에 넘쳐난다. 더 이상 아이돌 팬덤은 하위문화적 성격을 띤다고 볼 수 없다. 이제 팬덤은 어디에나 있다. 의식하든 그렇지 않든 현대 사회를 살아가는 대부분의 사람들이 누군가 혹은 무언가의 팬이다.

팬덤의 활동 범위도 넓어지고 있다. 관련 정보나 콘텐츠를 섭렵하고, 이벤트에 참여하며, 2차 창작물을 생산하고, 온오프라인 커뮤니티에서 상호 작용하는 수준에 머물지 않는다. 이제 팬덤은 아이돌을 직접 만들고 돌보는 수준으로 나아간다. 아이돌이 데뷔 혹은 컴백하면 팬들은 비상 체제로 돌입한다. 소식을 널리 알리기 위해 소셜 네트워크 서비스social network service(SNS)에서 관련 해시태그를 확산하고, 포털 사이트에서 수시 검색을 통해 검색 순위를 올리며, 온라인 동영상 플랫폼over the top(OTT)을 찾아다니며 '좋아요'를 누른다. 더 중요한 것은 음원 차트나 투표에서 높은 순위를 차지하는 일로, 음원 다운로드는 기본이고 스밍,[2] 음원 선물, 온라인 투표 등을 조직적·전략적으로 반복한다. 좋아하는 아이돌을 응원하기 위한 총공[3]을 펼쳐 아이돌 알리기와 앨범의 성공, 이후 활동의 흥행을 꾀한다. 그 과정에서 자신이 총공에 적극 참여하는 것은 물론, 팬 아닌 다른 사람들의 참여까지 권장하고 이끈다. 좋아하는 아이돌을 위해서라면 자신의 시간과 비용, 그리고 노력을 기꺼이 지불한다.

그리고 이제 팬들은 팬 플랫폼에 집결한다. 포털 카페, SNS, 커뮤니티 사이트 갤러리/게시판 등 여러 채널로 분

2 '스트리밍'을 줄여 발음하는 것으로, 팬들이 음원 재생 집계율을 높이기 위해 음원 플랫폼에서 인위적으로 음악을 반복 재생하는 행위를 의미한다.
3 '총공격' 혹은 '총공세'의 준말이다. 좋아하는 아이돌이나 그룹을 응원하기 위한 팬덤의 총력전을 뜻한다. 음원 총공(스밍 총공, 다운 총공, 선물 총공 등), 투표 총공(음악 방송, 대중음악 시상식 등 대상), 문구 총공(트위터 실트 총공, 댓글 총공, 메일 총공 등) 등으로 세분화된다.

산돼 행해지던 팬 활동이 팬 플랫폼으로 집중된다. 팬들은 팬 플랫폼을 통해 전 세계 팬들을 만나고, 자신이 좋아하는 아이돌을 구독하며, 그들과 자유롭게 댓/글이나 프라이빗(음성) 메시지를 주고받는다. 아이돌의 환상을 가르고 나오는 친밀감이 팬들에게는 셀링 포인트가 되고, 아이돌과 팬 간 관계는 팬 플랫폼을 매개로 전에 없이 가까워지는 듯 보인다. 팬 플랫폼처럼 아이돌과 교류하는 공간만이 아니라, 새로운 디지털 실감(공간 구현) 기술에 기반해 등장한 가상 아이돌의 인기와 함께 아이돌이 활동하고 팬들이 열광하는 공간까지도 가상으로 확장되고 있다. 덕분에 팬들은 현실과 가상을 자유롭게 오가며 덕질[4]을 할 수 있게 되었다. 아이돌/텍스트를 수용하는 채널과 방식이 다양해지고, 팬 활동 영역역시 전방위로 뻗어나간다.

하지만 이러한 팬덤의 변화가 단순히 팬덤 스스로의 자생적 활동 범위 확장과 영향력 증대에 기인한 것이라

4   일본에서 만화나 애니메이션에 과도하게 심취한 사람을 일컫는 '오타쿠'에서 변형·파생된 말이다. 일본어 '오타쿠'를 한국식으로 발음한 '오덕후'를 '덕후'나 '덕'으로 줄여 발음하는데, 이 '덕'에 무언가를 하는 행위를 가리키는 '-질'을 붙여 만든 단어가 덕질이다. 일차적으로 무언가에 파고드는 것을 뜻하나, 조금씩 나타내는 범위가 넓어져 무언가를 수집하는 일까지 덕질로 표기하기도 한다.

고만은 보기 어렵다. 그것은 엔터테인먼트 자본주의의 가시화·본격화, 비즈니스 전략의 정교화·복잡화, 미디어 기술의 발전, 초국가주의의 편재, 국가 차원의 문화 확산 전략 등과 같이 팬덤 바깥의 힘이 맞물려 작용한 결과이기도 하다. 특히 엔터테인먼트 산업 자본은 연예를 기획하고 매니지먼트할 뿐 아니라, 정보와 지식을 생산·유통하는 수단을 소유하고, 네트워크 환경을 적극 활용해 팬에게 동기를 부여하고 지속적인 참여를 유도한다. 미디어나 언론도 때로는 그에 가담하고 때로는 그와 경쟁하며 엔터테인먼트 산업 내 위상을 확대해 간다. 정부도 직접 산업을 경영하진 않으나, 정책을 수립하고 지원 사업을 펴 산업의 연착륙을 돕는다는 점에서 팬덤과 무관할 수 없다. 특히 정부와 엔터테인먼트사는 국익, 국격, 국가 브랜드 등을 한류와 연결함으로써 K팝을 산업으로 만들고, 글로벌 시대 국가 정체성을 설명하고 알리는 주된 수단 중 하나로 활용해 온 측면이 있다.

그럼 이와 같이 엔터테인먼트 산업을 둘러싼 다양한 역학 관계가 팬덤에 미치는 영향을 우리는 어떻게 바라봐야 할까. 자발적이면서 즐거운 행위로만 보이는 총공이 결과적으로는 엔터테인먼트사 대신 일해 주는 것은 아닐까. 아이돌 리얼리티 오디션 프로그램이 팬들을 국민 프로듀서로 호명하면서 그 열린 듯 보이는 텍스트에 팬들을 어떻게 가둘까. 플랫폼화된 팬 커뮤니티 속에서 이뤄지는 아이돌 – 팬 간 커뮤니케이션은 팬덤의 본질과 커뮤니티로서의 결속력에 득일까 독일까. 현실과 가상 양쪽에 존재하는 아이돌은 어떻게 새로운 기술과 결합하고, 그 결과 산업 종사자들에게 어떤 새로운 문제를 야기하며, 기존의 팬 활동 무대를 어디로 가져갈까. 또 팬덤화가 엔터테인먼트사뿐 아니라 모든 기업의 비즈니스 전략의 지향점이 되는 시대에, 기업들은 왜 그리고 어떻게 엔터테인먼트사의 팬 조직·유지 전략을 차용할까.

　　팬덤과 팬덤을 둘러싼 맥락을 두고 많은 질문을 던질 수 있다. 그 질문(과 그에 대한 답)을 고려해야만 지금(까지)의 팬덤을 온전히 설명할 수 있다. 그만큼 팬덤 안과 밖의 힘은 서로 깊게 맞물려 있고, 또 팬덤의 재/구성과도 관련이 깊다. 다른 한편으로 그 질문은 때로 아이돌, 아이돌 문화, 아이돌 산업을 벗어나, 다른 산업/자본과 문화, 그리고 한국 곳곳에 만연한 욕망이나 소비 문화와도 밀접하게 연결되는 듯 보이기도 한다. 아이돌 산업을 재/생산하고 끊임없이 경쟁과 이익의 장場으로 내몰고 있는 것이 한국식 산업 자본의 논리와 무관할 수 없기 때문이다. 그런 점에서 엔터테인먼트 산업과 그 팬덤은 우리 사회와 문화, 그리고 삶 전반을 경유하고, 반영하며, 또 그에 영향을 미치는 중요한 논의 대상이다. 지금 여기에서, 우리가 여전히 그리고 계속해 팬덤을 말해야 하는 이유다. 안과 바깥의 힘이 때로 서로를 밀어내고 또 끌어당기면서 새롭게 바꾸는 팬덤은 어떤 양상을 띠고,

팬들의 삶과 일상에서 어떤 의미를 갖는가. 앞으로의 팬덤과 팬덤 비즈니스의 미래는 어떤 모습을 띨까. 그리고 우리는 그것들을 어떻게 이해하고 그에 대한 준비를 해야 할까.

이 책에서는 이러한 질문을 통해 지금의 팬덤을 논의하고자 한다. 하나같이 까다롭고 복잡한 질문으로 모두 명확한 답을 내리기는 힘들다. 하지만 이 질문은 팬덤 산업과 문화의 변화를 맥락적으로 살피고, 그것이 팬들과 어떻게 관계 맺는지 논의하는, 그리고 팬덤의 안과 밖, 현재와 미래를 입체적으로 돌아보고 내다보는 기반이 될 수 있을 것이다. 어떤 질문에는 명확한 답을 내리고, 어떤 질문에는 그러지 못하며, 어떤 질문은 또 다른 질문으로 이어질 것이다. 그 과정에서 독자들 역시 책의 내용에 동의하거나, 동의하지 않거나, 또 자신만의 답을 찾게 될 수도 있으리라 믿는다. 이 책의 지향점은, 책을 접하는 모두가 이 책을 통해 지금의 팬덤에 여러 질문을 던지고 그에 대한 답을 함께 찾아가는 사고思考의 장을 여는 것이다.

책의 구성은 다음과 같다. 1장에서는 아이돌/팬덤이 어떻게 다양한 세대를 거쳐 주류 산업과 문화로 자리 잡아 왔는지 살펴보고, 급변하는 엔터테인먼트 산업과 그로 인한 팬덤의 형질 변화를 논의하기 위한 새로운 단초를 찾는다. 구체적으로는 먼저 1990년대 후반을 본격적인 아이돌 산업과 팬덤의 개막 시기로 상정하고, 1세대부터 3세대까지의 아이돌/팬덤이 보여 온 주요 흐름을 정리한다. 다음으로 2020년대 데뷔해 활동하고 있는 4세대 아이돌과 그에 대한 팬덤을, 5세대 아이돌의 징후와 함께 논의한다. 그리고 지금의 아이돌/팬덤을 어떻게 다른 방식으로 읽어 나갈지 방향을 제시한다.

2장에서는 아이돌 팬덤이 유희적 측면과 함께 노동으로서의 측면도 함께 가진다는 데 주목하고, 그 양가적 참여 메커니즘이 갖는 의미를 밝히고자 한다. 엔터테인먼트 산업은 팬을 생산적 소비자 역할을 하게 만드는 데 그치지 않고, 산업 생산 요소의 일부로 만들어 팬을 참여하게끔 만든다. 그로 인해 팬들은 엔터테인먼트사에 고용돼 있지 않음에도 홍보, 마케팅, 매니지먼트 등 회사의 역할 일부를 대신 수행하게 된다. 그렇게 '즐기면서 일해 주는' 팬덤이 엔터테인먼트 산업과의 관계 속에서 어떤 의미를 갖는지를 아이돌 리얼리티 오디션 프로그램을 경유해 논의한다.

그동안 아이돌 기반 엔터테인먼트 산업을 이뤄 왔던 중요 세 주체인 엔터테인먼트사, 미디어, 팬덤은 때론 서로 경쟁하고 때론 의지하면서 산업과 문화를 유지·확장해 왔다. 하지만 엔터테인먼트사와 미디어가 결합한 팬 플랫폼의 등장으로 엔터테인먼트사를 중심으로 한 톱다운 방식의 팬 문화가 구성되기 시작한다. 3장에서는 그것을 가능하게 만드는 미디어 환경은 어떻게 형성되는지, 실질적으로 팬 플랫폼을 작동시키는 메커니즘은 무엇인지, 그리고 그로 인해 엔터테인먼트 산업과 팬덤에 어떤 효과가 발생하는지 살펴본다.

4장은 디지털 실감 기술이 아이돌 산업과 결합하면서, 아이돌의 활동 무대가 현실을 넘어 가상 세계로까지 뻗어나가는 데 주목한다. 가상 세계에 아바타를 두고 현실과 가상을 자유롭게 넘나드는 아이돌이 있는가 하면, 홀로그램 영상을 통해 현실 아이돌이 아바타와 함께 공연을 펼치기도 하며, 애초에 가상에만 존재하는 아이돌도 있다. 그러한 가상+현실 아이돌을 경유해 아이돌과 관련 산업, 그리고 그것을 받아들이는 팬들을 새롭게 이해할 필요가 있다. 비물질이 물질에, 인공적인 것이 현실 속 살아 있는 것에, 그리고 디지털 기술이 인간에게 어떤 영향을 미치는지를 가상+아이돌을 통해 분석한다.

마지막 5장에서는 아이돌/팬덤과 관련해 논의가 필요함에도 면밀히 다루지 못한 이슈들을 정리하고, 앞선 논의의 연장선상에서 이후의 엔터테인먼트 산업과 팬덤을 전망한다. 그리고 엔터테인먼트 산업을 비판적으로 이해하고, 자신들의 활동을 오래오래, 생산적으로 해나가기 위해 팬들이 생각해 볼 부분들, 할 수 있는 일에 대해 논의한다.

1

새로운
팬덤의 풍경

1. 새로운 팬덤의 등장과
다른 방식으로 팬덤 읽기

팬덤에 대한 기존 담론은 초기 팬덤을 부정적으로 바라보는 시각에서, 팬의 주체적 참여에 주목해 팬덤에 새로운 의미를 부여하는 경향으로 변화해 갔다(김창남, 2010; 박동숙, 1999). 후자의 논의는 특히 문화 실천의 행위자이자 의미의 단순 수용자가 아닌 생산자로서 팬이 지닌 능동적인 역량과 가능성에 주목해 왔다. 팬들이 특정 장르, 텍스트, 스타 등을 좋아하는 과정에서 자신의 일상과 자신을 둘러싼 환경을 어떻게 인식하고 바꿔 나가는지, 그리고 그것이 우리 사회에서 갖는 의미는 무엇인지에 관심을 갖고 논의를 펼쳐 왔다. 이를 통해 진지하지 않고 사회 문제에 관심 없으며 좋아하는 대상에 맹목적으로 매달리는 존재로 여겨져 왔던 팬의 위치는 능동적인 문화 실천 주체로 이동했고, 팬과 팬덤에 대한 시각 역시 새롭게 환기되면서 다양한 후속 논의로 이어졌다.

팬덤의 논의 경향을 묶고 나누는 기준은 다양하나, 대표적인 것이 하위문화론과 (능동적) 수용자론으로 구분하는 방식이다(김영찬·이기형, 2003; 김현정·원용진, 2002). 하위문화론은 팬덤을 하위문화적 정체성, 스타일적 실천, 저항성 차원에서 논의한다. 하위문화의 저항 전략에 관심을 기울이고 이들 하위문화가 담보하는 정치적 기능을 평가하며 지배 문화에 대한 저항 담론 생산에 주목했다(고길섶, 1998). 수용자론은 하위문화론에서 보여 준 구조화된 계급 문화에 대한 팬들의 저항뿐 아니라, 특정한 텍스트와 관련하여 능동적 수용자로서 팬들이 보이는 수용, 해석, 비평 양식의 규명에 보다 많은 관심을 기울였다(김현정·원용진, 2002). 수용자론을 전기와 후기로 나누고, 거기에 탈수용자론을 덧붙이는 시도(김수정·김수아, 2015)도 있다. 그에 따르면 수용자론은 해독 패러다임에서 수행 패러다임으로 변화해 가며, 방법론적 확장을 동시에 보인다. 그리고 특히 한국적 맥락에서 아이돌 산업을 중심으로 구조화된 팬덤의 특성을 젠더 정치와 팬덤 내부의 권력 차원, 산업과의 복잡한 관계 차원 등으로 조명하는 경향이 새롭게 발견되기도 한다.

하지만 무엇보다 가장 보편적으로 활용되는 것은 아이돌 세대에 따른 논의 경향 분류일 듯하다. 특정 맥락 속에서 등장한 아이돌들과 그들의 활동이 갖는 대략적인 흐름을 규정해 한 세대로 묶고, 그와 비교했을 때 꽤 다른 흐름이 새롭게 나타나면 다음 세대로 묶는 방식이다. 여기서는 이러한 세대에 따른 논의를 따라가 본다. 아이돌 세대라는 기준을 적용했을 때 각 논의들이 어떤 관점과 이론적 토대를 갖는지는 알기 어렵다. 대신 당대 아이돌−팬들을 중심에 놓고 다양한 이슈들을 연결해 맥락적으로 논의하는 데는 꽤 유리하다. 동일한 이슈를 놓고 세대 간 비교도 할 수 있다.

1) 팬덤 돌아보기:
1세대부터 3세대 팬덤까지

한국 대중음악사에서 스타는 언제나 존재해 왔다. 1960년대에는 남진과 나훈아가, 1980년대에는 조용필이, 그리고 1990년대 초반에는 서태지와아이들이 있었다. 대중의 우상이었다는 점에서는 그들 역시 '아이돌'이었다 할 수 있을지도 모르겠다. 하지만 그들을 지금의 한국 엔터테인먼트 생태계에서 칭하는 아이돌로 규정하기는 어색하다. 지금의 아이돌은 엔터테인먼트사의 시스템에 의해 기획돼, 미디어 안과 밖에서 활동하는, 주로 10~20대의 가수를 가리킨다. 엔터테인먼트사는 아이돌을 발굴해 데뷔 전후로 그들을 관리하며, 그들의 연예 활동을 지원한다. 교육·훈련, 앨범 및 관련 콘텐츠 기획·제작, 일정 관리, 법적 대리, 홍보·마케팅, 팬 관리 등이 엔터테인먼트사의 주된 역할이다(이동연, 2011).

지금과 같은 아이돌 시스템이 본격적으로 시작된 것은 1990년대 후반이다. 이전에도 아이돌과 관련된 여러 현상과 대상이 존재해 왔지만, 1990년대 후반 체계적인 아이돌 육성·관리·지원 모델이 도입된 이후 데뷔해 활동한 가수들부터 지금과 같은 의미의 아이돌로 부르게 되었다고 할 수 있다. 그런 점에서 이른바 '1세대 아이돌'은 SM기획(현 SM엔터테인먼트)의 H.O.T.와 S.E.S., 대성기획(현 DSP미디어)의 젝스키스와 핑클로 대표된다. 이들은 엔터테인먼트사의 전신이라 할 수 있는 연예기획사가 주도한 아이돌 시스템을 통해 배출됐다는 공통점을 지닌다. 1980년대까지 음반 기획만 담당해 왔던 음반사(프로덕션)가 1990년대 들어서는 연예기획사, 즉 음반 제작을 포함해 가수들의 매니지먼트까지 포함하는 기업으로 변모했다.

초기 투자 자본 규모의 확대와 함께, 단기간에 성공할 만한 음반을 제작해 자본을 회수하는 시스템이 구축된 것도 이때의 일이다. 구축된 시스템하에서 '오디션 → 선발 → 연습·훈련 → 음반 제작 → 공식 데뷔 및 미디어 활동 → (팬클럽 창단 →) 이벤트(콘서트 등) 개최 → 다음 음반 제작을 위한 활동 중단'과 같은 공식이 형성됐다. 이렇듯 압축적이고 분절적인 활동은, 기획사의 지원을 통해 조직된 공식 팬클럽과 그것을 기반으로 하는 대형 콘서트를 통해 유지됐다. 방송도 아이돌 팬덤 문화 형성에 큰 영향을 미쳤다. 지상파 텔레비전 음악 방송과 라디오 프로그램, 그리고 특히 1990년대 중반부터 본방송을 시작한 케이블 TV의 음악 채널들은 아이돌의 주된 활동 무대가 되었다(차우진·최지선, 2011).

아이돌의 다양한 미디어 및 콘서트 활동은 아이돌과 팬 사이의 관계를 돈독하게 만드는 데 큰 역할을 했다. 공식 팬클럽을 중심으로 팬들이 아이돌의 활동을 마음 깊이 지지하고 응원하는 문화도 본격화됐다. 팬덤의 열광적인 참여는 1세대 아이돌의 인기를 견인했으며, H.O.T.와 젝스키스 같은 그룹은 단순한 가수를 넘어 당시 10~20대의 문화 아이콘으로 자리 잡았다. 1세대 아이돌의 등장과 인기는 한국 아이돌 문화의 시작점으로서 중요한 의미를 가지며, 이후 아이돌 시스템 확립·진화와 산업의 성장, 그리고 무엇보다 팬덤 문화 형성과 확산에 지대한 영향을 미쳤다. 특히 이때의 팬들은 자신이 좋아하는 아이돌/텍스트를 통해 삶의 경험을 표현하고, 일상에서 상징적 창조성을 실행하거나 현실을 변화시키기 위해 노력(김영찬·이기형, 2003)했다는 점에서 기존의 팬보다 능동적·주체적이었다 할 수 있다.

1세대 아이돌의 대히트 이후 대형 연예기획사들은 토털 매니지먼트 전략을 추진하는 방향으로 나아간다. 독립된 공간(사무실, 연습실, 스튜디오 등) 마련, 교육·훈련 시스템의 확립, 프로모션과 마케팅 강화 등과 함께 연예기획사에서 종합 엔터테인먼트사로의 변신이 이루어졌다. 그런 시스템을 통해 동방신기, 빅뱅, 소녀시대, 샤이니, 원더걸스, 2PM 등으로 대표되는 2세대 아이돌이 등장해 인기를 끌었다. 2세대 아이돌 음악은 일렉트로닉 팝을 기반으로 한 화려한 퍼포먼스를 주된 특징으로 삼는다. 음악 방송을 위주로 해 왔던 미디어 활동은 이때부터 예능 채널 확대, 리얼리티 쇼의 유행과 맞물려 예능 프로그램, 공개 오디션 프로그램, 다큐멘터리 등으로 확대됐다(차우진·최지선, 2011). 음반 시장이 디지털 음원 시장으로 대체되는 속에서 만능 엔터테이너로서의 자질을 요구받고, 한류에 힘입어 해외 시장에도 본격적으로 진출했다는 부분도 빼놓을 수 없다.

　　그룹의 형태도 달라졌다. 전반적으로 그룹 멤버가 3~5명 내외에서 6명 이상으로 늘었다. 그룹 전원이 고정된 활동을 고집하기보다는, 유닛이나 솔로와 같이 상황에 따라 가변적인 활동을 하게 됐기 때문이다. 멤버별 포지셔닝을 달리함으로써 특정 멤버는 예능 프로그램에 출연하거나, 특정 멤버는 드라마나 영화 사운드트랙에 참여하는 식이다. 브라운아이드걸스처럼 각기 다른 그룹의 멤버들이 모인 프로젝트 그룹도 있었다. 다른 한편으로 1세대 아이돌의 주된 특징 중 하나였던 휴지기가 줄어들거나 거의 사라지고, 1~3개월 간격으로 싱글 앨범을 발매하고 지속적인 미디어 활동을 펼치는 방식이 본격화됐다. 이는 디지털 음원 시장으로의 시장

재편의 영향이자, 싱글과 EP,[5] 오리지널 정규 앨범과 리패키지 정규 앨범을 동시에 발표함으로써 수익을 극대화하기 위한 전략의 결과물이기도 했다(차우진·최지선, 2011).

2세대 팬덤 형성에는 1990년대 이후 출생자들이 큰 영향을 미쳤다. 이들은 인터넷 멀티미디어 환경의 안정화 과정에서 자라 매스 미디어 외 플랫폼을 통해 다양한 콘텐츠가 유통되고, 포털 사이트 카페, 커뮤니티 사이트 갤러리/게시판, 그리고 무엇보다 SNS 중심의 팬 커뮤니티가 더욱 활성화되는 데 일조했다. 다른 한편으로 나이 많은 팬, 이른바 '삼촌팬,' '이모팬' 등이 팬덤 논의에서 등장한 것도 이때부터다. 2세대 팬덤은 스타를 적극 관리하는 '엄마' 정체성을 자처하지만 동시에 엔터테인먼트사라는 숨겨진 '아빠'에 의해 다시 관리되는 존재(정민우·이나영, 2009)이자, 시스템화된 아이돌 산업을 재생산하는 중요한 기제(김호영·윤태진, 2012)였다. 관리자이자 소비자로서 아이돌 산업 내에서 영향력을 발휘하는 존재(김수정, 2018)이기도 했다. 이처럼 팬덤이 더욱 능동성

---

5 'Extended Play'의 약자로, 음반이 바이닐 레코드로 발매되던 시대, LP(Long Playing)판보다 작은 지름의 레코드판을 지칭하는 말이었다. 그러던 것이 음반 기록 매체가 CD나 디지털 음원으로 대체된 오늘날에도 정규 앨범보다는 규모가 작고, 싱글로 분류하기엔 음원이 많은 음반을 가리키는 말로 사용되고 있다.

을 띠게 됨과 동시에 팬덤을 둘러싼 산업의 개입도 은밀해지고 또 강화됐다. 팬들의 의미 생산과 주체성 발현이 새로운 자본주의의 물질적 토대와 본격적으로 연결되기 시작한 것이다.

2010년대 중반 이후 데뷔한 엑소, 방탄소년단BTS, 블랙핑크, 트와이스, 워너원, 아이즈원 등은 3세대 아이돌로 분류 가능하다. 3세대 아이돌은 이전 아이돌에 비해 멤버의 합류와 탈퇴가 잦고 유닛 활동을 보다 활발하게 펼치는 등 유동적인 인적 구성을 보이며, SNS와 음악·동영상 플랫폼 등을 활용해 실시간으로 대중과 소통하는 전략을 구사했다. 또, (아예 교포 출신이거나 한국 국적이 아닌 멤버를 둔) 다국적 그룹 체제의 안착, 유튜브를 활용한 홍보의 본격화, 아시아권을 뛰어넘어 다른 대륙으로의 팬덤 확장, 성장형 아이돌의 보편화 등이 3세대 아이돌들에게서 발견되는 주목할 만한 흐름이다.

성장형 아이돌의 인기와 함께, 3세대 아이돌 산업에서 두드러진 것은 오디션 프로그램의 등장과 확장이다. 한국의 오디션 프로그램은 Mnet의 〈슈퍼스타K〉 시리즈(2009~2016)를 필두로, MBC 〈위대한 탄생〉 시리즈(2010~2013), SBS 〈K팝스타〉 시리즈(2011~2017) 등으로 이어지며 대중적 인기를 얻었다. 이후 오디션 프로그램은 아이돌 산업 시스템과 결합해 '아이돌 리얼리티 오디션 프로그램'이라는 새 장르로 변주된다. 오디션 프로그램의 경쟁과 육성 구도를 통한 팬들의 진입과 몰입, 오디션 진행 과정은 물론이고 데뷔 이후까지 아이돌/연습생들에게 부과되는 감정 노동, 기간제 그룹과 팬 활동, 참여형 텍스트가 매개하는 연습생과 팬 사이의 가상적 관계 및 감정 등이 이 시기 아이돌/팬덤의 주된 특징이다. 특히 Mnet의 〈프로듀스〉 시리즈(2016~2019)는 후술하겠지만 폭발적인 인기를 끌면서 아이돌 오디션 프로그램의 본격적인 시작을 열었다(강신규·이준형, 2019).

2) 4세대 팬덤의 등장

2020년대 들어 데뷔한 아이돌을 4세대로 분류할 수 있다. 아이브, 뉴진스, 르세라핌, 에스파, 스테이씨, 엔믹스, 엔하이픈, 더보이즈, 라이즈 등이 대표적이다. 4세대의 주요 특징은 여성 아이돌의 강세, 솔직하면서 밝고 당당하게 자신을 표현, '나를 사랑하자'는 시대적 정체성에의 어필, 세계관의 구축, 3분이 넘지 않는 짧은 노래 길이, 숏폼 플랫폼을 통한 팬들과의 소통 등으로 요약된다. 비한국인 아이돌 그룹, 비한국어 K팝, 비한국 엔터테인먼트사의 K팝 등 'K'의 경계를 희미하거나 초월하는 사례들이 등장하고 있는 것도 특기할 만하다. K팝 아티스트, 작곡가, 안무가 등 업계 전반에 걸쳐 외국인이 다수 참여하고 있고, 한국 국적의 아이돌이 한국 시장이 아닌 해외 시장을 철저히 타기팅하는 경우가 생겨나고 있으며, 해외 엔터테인먼트사가 K팝 아이돌을 표방하는 그룹을 내놓기도 한다. 이는 K팝이 국적의 구분으로부터 자유로운 하나의 장르가 되고 있거나, K팝에 국적 구분이 갈수록 의미 없어지는 것으로 이해 가능하다.

코로나19의 장기화로 일상 많은 부분에 디지털 전환이 이뤄지면서, 엔터테인먼트 산업에도 증강 현실augmented reality(AR), 가상 현실virtual reality(VR), 인공 지능artificial intelligence(AI) 등의 정보 통신 기술information and communication technologies(ICT)이 침투하게 된 측면도 있다. 이와 같은 맥락에서 디지털 실감 기술을 아이돌 존재 자체나 세계관, 활동에 접목한 에스파, K/DA, 이터니티, 슈퍼카인드, 플레이브 등의 가상+현실 아이돌이 등장해 이목을 끌고 팬들에게 이색적인 경험을 제공했다.

5세대 아이돌 등장에 대한 논의가 나오고 있다. 이를테면 일각에서는 뉴진스를 4세대가 아닌 5세대 K팝의 선두 주자로 보기도 한다. 에스파의 메타버스적 세계관이나 플레이브 같은 가상 아이돌이 새로운 세대를 형성한다는 주장도 언론을 통해 나오고 있다. Mnet의 리얼리티 오디션 프로그램 〈보이즈 플래닛〉에서는 최종 합격자들로 구성될 데뷔 그룹을 '5세대 신인 K팝 보이그룹'으로 지칭하기도 했다. 하지만 아직 5세대 논의가 가능한 상황인지는 쉽게 이야기하기 어려워 보인다(김영대, 2023). 5세대로 지칭되는 아이돌을 구분

짓는 특징이 4세대와 구분했을 때 굉장히 명확하다 할 수 없고, 여전히 4세대가 대세를 차지하는 가운데 5세대로 지칭되는 아이돌이 활동을 함께하고 있는 측면도 있다. 따라서 이 책에서는 5세대 아이돌과 그에 대한 팬덤을 별도로 구분하지 않고, 5세대 아이돌, 그리고 5세대 아이돌의 징후로 논의되는 부분들까지 4세대 아이돌 논의에 포함하도록 한다.

4세대로의 진입과 함께 팬덤 문화도 더욱 복잡다단해졌다. 기존 아이돌 팬덤이 계속해 K팝을 향유하면서 연령 스펙트럼도 넓어졌고, MZ세대를 넘어 알파 세대와 같은 새로운 세대층도 꾸준히 유입되고 있다. 이제 팬덤은 과거의 팬덤 문화를 여전히 가지면서, 최신 팬덤 문화에 적응하기도 또 적응하지 못하기도 하고, 기존과는 완전히 다른 새로운 팬덤 문화를 형성하기도 한다. 글로벌 팬층이 다양해지면서, 국내 팬들과의 상호 작용 역시 복합적으로 나타나고 있다. 외국의 멀티 팬덤[6] 문화가 국내에 확산하고, 한국 팬덤 문화와 한국어로 된 관련 용어들이 외국에 정착하는 모습도 발견된다. 그 과정에서 국경을 뛰어넘는 문화가 형성되기도 하지만, 국가주의가 강하게 발현되는 등 서로 다른 국가 팬덤 간 갈등이 발생하기도 한다.

---

6   동시에 여러 스타·장르·텍스트를 좋아하는 팬덤을 말한다.

4세대 팬덤의 한가운데 팬 플랫폼이 있다. 1·2세대 아이돌이 방송과 팬 커뮤니티, 3세대 아이돌이 SNS에 초점을 맞춘 것과는 달리, 4세대 아이돌과 함께하는 엔터테인먼트사들은 각자의 플랫폼을 구축, 직접 정보와 콘텐츠를 유통하고 팬들을 관리한다. 팬 플랫폼들은 모두 정도의 차이는 있지만 하나같이 아이돌과 팬 간 커뮤니케이션이 이뤄지는 장임을 표방한다. 아이돌과 팬 사이가 전보다 가깝거나 직접적인 커뮤니케이션을 할 수 있음을 강조하고, 팬들을 그 커뮤니케이션의 대상에서 주체로 만듦으로써 팬들의 강력하면서도 지속적인 참여를 유도한다. 거기에 공지 사항 전달, 자체/독점 콘텐츠 유통, 커머스 등과 같은 기능들을 함께 제공해 팬 활동 전반을 그 안에서(만) 펼치게끔 만든다. 물론 커뮤니케이션 외의 기능들은 세부적으로는 차이가 존재하나 대체로 기존 팬 커뮤니티에서 발견되는 것이기도 하다. 하지만 팬이 아니라 산업 자본에 의해 기획됐다는 점, 그리고 여러 서비스에 흩어져 있던 기능들이 한 공간에 모인다는 점에서는 기존의 것들과 차별화된다.

　　이상에서 아이돌과 팬덤을 세대별로 살펴보았다. 세대별 정리가 갖는 한계는 명확하다. 대략적 흐름이 존재하긴 하나, 각 세대를 구분 짓는 특징이 완전히 분리되고 상호 배타적이지 않아 구분자의 관점에 따라 세대를 다르게 구분할 수 있다. 한 세대의 특징이 지난 세대의 특징에서 벗어나 독립된 채로 형성되는 것도 아니다. 그런데도 이른바 1세대와 4세대 아이돌/팬덤을 비교해 보면 상당한 차이를 보인다는 점은 부정하기 어렵다. 전술한 바와 같이 팬덤은 고정된 것이 아니기 때문이다.

여러 한계에도 불구하고 이상의 논의들은 아이돌 팬덤이 갖는 자발적·유희적·생산적 특징뿐 아니라, 산업 자본과의 관계 그리고 새롭게 구성되는 팬덤 경제 속에서 팬덤이 겪는 형질 변화를 설명하기도 좋다. 그리고 당연하게, 팬덤 변화를 야기하는 요인을 논의하는 데도 적용 가능한 지점이 많다. 그런 요인들 또한 팬덤 경제 속에서 탄생했을 확률이 높으며, 그 영역 안에서 이뤄지는 팬덤이 산업 자본의 욕망에서 자유롭지 않다 해도 기존 팬덤과 완전히 무관한 상태에서 구성되지는 않을 것이기 때문이다.

2. 어떻게 새 팬덤을 다른 방식으로 읽을 것인가

하위문화론과 (특히 수행 패러다임의) 수용자론, 그리고 세대론과 같은 기존 논의들은 아이돌 팬덤이 갖는 자발적·유희적·생산적 특징을 설명하는 데뿐 아니라, 산업 자본과의 관계 그리고 새롭게 구성되는 팬덤 경제 속에서 팬덤이 겪는 형질 변화를 설명하는 데에도 유의미하다. 이는 이 책에서 관심을 갖는 새로운 팬덤 논의에도 적용 가능한 지점이 많다. 리얼리티 오디션 프로그램, 팬 플랫폼, 가상 아이돌 등도 팬덤 경제 속에서 탄생한 시장 모델의 일종이기 때문이다. 그 영역 안에서 이뤄지는 팬덤이 산업 자본의 욕망에서 자유롭지 않다 해도 이전 팬덤과 완전히 무관한 상태에서 구성되지는 않는다.

기존 논의에서 게임화, 노동화, 엔터테인먼트 산업과 ICT의 결합 등을 통해 새롭게 만들어지는 팬 활동/공간을 분석하기 위한 단초를 찾기가 어려운 것도 사실이다. 더욱이 기존에 없던 방식의 팬 활동 양상의 등장과, 그에 대한 엔터테인먼트 산업의 침투, 그로 인한 팬덤의 형질 변화를 설명하기 위해서는 팬덤 연구 바깥의 논의도 끌어와야 한다. 결론적으로 기존 논의로부터 일정 부분 도움을 받을 수는 있겠으나, 보다 적절한 논의 틀을 찾는 작업이 병행되어야 한다.

지금의 아이돌/팬덤과 그 활동을 살피기 위해 이 책에서는 다양한 연구자와 비평가의 논의를 동원하려 한다. 그들의 전문 분야는 대중음악, 아이돌, 팬덤에만 한정되지 않는다. 방송, 만화, 영화, 애니메이션, 심지어는 게임까지도 포함한다. 논의 과정에서 대중문화론, 미디어 이론뿐 아니라 하위문화론도 빈번하게 소환한다. 모든 아이돌/팬덤 양상을 설명해 줄 수 있는 개념이 존재하지는 않으므로, 특정 아이돌/팬덤 양상을 살피는 데 있어 가장 유용하다고 판단되는 몇몇 개념을 논의 틀로 사용할 것이다. 물론 몇 되지 않는 개념만을 논의 틀로 사용하는 데에는 명확한 한계가 존재한다. 논의 폭이 넓어질 수 없는 데다, 그 개념만이 해당 양상을 설명하는 단일의 완벽한 도구라고도 보기 어렵다. 특정 시공간에서 펼쳐지는 징후나 양상을 설명하기 위해 사용한 개념이, 지금 여기 아이돌/팬덤을 말하는 데 그대로 들어맞는다는 보장 역시 없다. 무엇보다, 그 개념들이 그 이후로 진전 및 확장된 경우가 드물다는 측면도 있다.

그럼에도 역으로 몇몇 개념을 논의 틀로 사용한다는 것은, 그 적절함을 지금 여기에 적용해 보고 확인해 보는 일이기도 하다. 물론 주된 틀로 사용한다고는 해도, 전적으로 그것에 의지하지는 않는다. 특정 양상을 읽어내는 데 적절한 개념이 있으면 적용하고, 마땅한 것이 없을 경우 다른 연구자나 비평가의 개념을 변용하거나, 해당 양상을 잘 읽어 낼 수 있는 개념을 고안할 것이다. 즉 특정 아이돌/팬덤 양상을 논의하는 데 몇몇 핵심 개념들을 중심으로 삼되, 그 과정에서 다른 여러 개념을 불러와 그것이 가질 수 있는 제약점을 보완하려 한다. 이를 통해 다른 한편으로 해당 개념들을 재해석하고 재구축할 단서를 찾을 수도 있으리라 본다.

기본적으로 아이돌/콘텐츠, 팬덤에 대한 것이라고는 해도, 그것들을 둘러싼 환경과 맥락 등을 고려해 보다 폭넓고 입체적인 이야기를 펼치고자 한다. 논의를 위해 기존의 연구나 비평에만 기대 본문을 채워가지 않음은 물론이다. 기사나 웹진, 그리고 온오프라인상에서 활발하게 게재되는 팬들의 글도 활용한다. 텍스트, 이용자, 그리고 콘텍스트context를 함께 논의함으로써, 새로운 아이돌/팬덤의 안과 밖을 종합적으로 드러낼 것이다.

2

생산과 소비 사이,
놀이와 노동 사이

1. 시청자를 생산자로 호명하는 텍스트:
리얼리티 오디션 프로그램

아이돌 리얼리티 오디션 프로그램은 새로운 팬덤의 형성과 변화에 큰 영향을 미쳐 왔다. 참가자들에게 주어지는 미션 수행의 결과에 따라 아이돌로 데뷔하거나 탈락하게 되는 서바이벌 형식을 취하면서, 그 과정을 리얼리티, 즉 기획 의도나 설정 같은 큰 틀만 미리 정해 놓고 그 외의 부분들은 실제 출연진들이 만들어 가는 형식으로 풀어나가는 것이 리얼리티 오디션 프로그램의 뼈대다. 이런 프로그램들의 최종 목표는, 연습생이나 기존 아이돌을 (새) 아이돌로 데뷔시키는 것이다.[7] 오디션 프로그램에서 데뷔와 탈락을 결정하는 데

---

7   KBS 2TV 〈아이돌 리부팅 프로젝트 더 유닛〉(2017. 10. 28~2018.
2. 10)이나 Mnet 〈퀸덤〉 시리즈(2019~2023)처럼 덜 알려지거나

사용하는 대표적인 방법으로는 주최 측이 섭외한 심사위원단의 평가와 시청자들의 투표가 있다. 심사위원은 해당 분야의 전문성을 가진 프로듀서나 아티스트로 구성되는 경우가 일반적이다. 시청자 투표는 대개 문자나 애플리케이션을 이용하는 방식으로 진행된다.

한국에서 음악 오디션 프로그램의 기원을 명확히 하기는 쉽지 않다. 꼭 오디션 프로그램을 표방하지 않아도, 이미 해당 포맷이 시청자들로 하여금 프로그램에 대한 긴장감과 몰입감을 느끼게끔 하는 방식은 오래전부터 활용돼 왔기 때문이다. MBC 〈악동클럽〉(2001. 1~2002. 3), SBS 〈초특급 일요일 만세〉의 코너였던 '영재 육성 프로젝트 99%의 도전(2001)' 등이 대표적이다. 오디션 프로그램의 주된 목표인 '차세대 스타 발굴'에 초점을 맞춘다면, 1970년대부터 시작된 MBC의 〈대학가요제〉(1977~2012)나 〈강변가요제〉(1979~2001)에서도 그 흔적을 찾을 수 있다. 하지만 일반인 대상의 대규모 오디션, 우승자에게 수여되는 큰 액수의 상금과 음반 발매 등의 특전, 그리고 유명 심사위원단의 평가와 대국민 투

인기가 전 같지 않은 아이돌의 재기를 위해 제작되는 프로그램들도 많지만, 그런 프로그램은 서바이벌과 리얼리티 요소는 갖되 오디션이라 보기는 어려운 측면이 있다.

표제를 도입·안착시켰으며, 전례 없는 대흥행을 거둠과 동시에 이후 등장하게 되는 수많은 프로그램에 크고 작은 영향을 주었다는 점에서 다른 어떤 프로그램보다도 Mnet의 〈슈퍼스타K〉 시리즈를 오디션 프로그램의 본격적인 시작점으로 꼽을 수 있다.

〈슈퍼스타K〉 시리즈 이후에도 SBS의 〈K팝스타〉 시리즈나 Mnet의 〈보이스 코리아〉 시리즈(2012~2013) 등이 흥행에 나름대로 성공했지만, 시즌을 거듭할수록 줄어드는 화제성, 창의적인 출연자들의 감소, 우후죽순 늘어가는 유사 포맷과 콘셉트에 대한 시청자들의 피로감 증가 등으로 길지 않았던 오디션 프로그램의 춘추 전국 시대는 저무는 듯 보였다. 이로 인해 기존 포맷에 여러 실험적 시도를 더한 프로그램들이 등장하게 되는데, 이때 등장한 대표작이 Mnet의 〈프로듀스〉 시리즈다. 어떤 참가자가 출연하느냐에 따라 흥행이 갈리는 일반인 대상 오디션이 아니라, 외모, 실력, 끼가 어느 정도 갖춰진 연습생이나 전·현직 아이돌을 다수 참가시켜 스타로 만드는, 이른바 아이돌 오디션 프로그램으로의 전환과 집중이 〈프로듀스〉 시리즈를 통해 본격화됐다.

〈프로듀스〉 시리즈는 방송만 시작했다 하면 각종 오디션 프로그램 중에서도 최고의 화제성을 자랑했고, 그 결과 시즌 4까지 만들어질 정도로 엄청난 인기를 누렸다. 시즌 1은 〈프로듀스 101〉, 시즌 2는 〈프로듀스 101 시즌 2〉, 시즌 3은 〈프로듀스 48〉, 시즌 4는 〈프로듀스 X 101〉이다. 시리즈를 통해 데뷔한 아이오아이, 워너원, 아이즈원 등은 당대 아이돌 판에서도 괄목할 만한 성적을 남기며 시리즈의 성공과 유지에 큰 보탬이 됐다. 또한 프로그램의 판권은 중국과 일본에 수출되기도 했으며, 〈펜타곤 메이커〉(Mnet, 2016. 5. 17~7. 19), 〈믹스나인〉(jtbc, 2017. 10. 29~2018. 1. 26), 〈플래닛〉 시리즈(Mnet, 2021~2023), 〈I-LAND〉 시리즈(Mnet, 2020~2024)와 같은 후속 프로그램에도 영향을 미쳤다.

무엇보다 〈프로듀스〉 시리즈가 주목받은 이유는, 콘셉트가 기존 오디션 프로그램과 달리 '국민이 뽑는 국민 아이돌 그룹'을 표방했기 때문이다. 프로그램은 '국민 프로듀서'라는 호칭을 통해 시청자를 프로그램 제작 요소의 일부로 만들어 시청자에게 동기를 부여하고 지속적인 참여를 유도했다. 거기에 단순히 자신이 응원하는 아이돌에 투표하는 것만이 아니라, 후술할 여러 몰입 요소를 통해 국민 프로듀서들로 하여금 자신이 지지하는 연습생(들)에 애착을 갖게 만들고자 했다. 이러한 특징들로 인해 진부한 장르로 취급받으며 쇠퇴기에 접어드는 듯 보였던 오디션 프로그램의 흐름을 새롭게 이어 나갔고, 사실상 아이돌 오디션 프로그램의 대명사로 자리 잡게 된다(강신규·이준형, 2019). 뒤에서 자세히 다룰 투표 조작 사건의 중심에 선 프로그램이기도 했고, 그로 인해 그간 쌓아 온 명성과 성과가 퇴색되기도 했지만, 방

영 이전의 아이돌 팬덤과 이후의 팬덤을 크게 달라지게 만
든 텍스트이기도 하다.

1) 게임적 텍스트

〈프로듀스〉 시리즈의 기본 구조는 100여 명의 연습생들 중
최종적으로 10명 내외만을 데뷔조로 선발하는 것으로, 이전
오디션 프로그램들과 크게 다르지 않아 보인다. 차별점은 시
청자에게 "국민 프로듀서님, 당신의 연습생에게 꼭 투표하세
요!"라고 요청하는 데서 비롯된다. 시청자의 한 표가 연습생
들의 운명을 결정한다. 그렇게 시청자를 프로그램의 일부로
받아들이는 것이 〈프로듀스〉 시리즈의 주된 기획 의도.
오디션에 참여한 연습생들의 합격과 탈락 여부는 100% '국
민 프로듀서'의 투표로 결정된다. 이전 오디션 프로그램에서
도 어느 정도는 시청자 의견이 반영됐지만, 〈프로듀스〉 시리
즈처럼 전적으로 시청자 의견에 의존하는 것으로 의도된 경
우는 없었다. Mnet의 〈슈퍼스타K〉 시리즈, SBS의 〈K팝스
타〉 시리즈처럼 예선에서 심사위원들의 의견이 지배적으로
반영되다가, 본선에 와서야 심사위원들과 시청자 의견을 반
영하는 방식이 일반적이었다.

하지만 〈프로듀스〉 시리즈의 경우, 연습생의 미래는
오롯이 시청자들의 투표 결과에서 비롯되는 것으로 제시됐

다. 국민 프로듀서는 이름답게 매주 투표하는 데 그치지 않고, 프로그램 제작 전 과정, 그리고 데뷔 음반 작업에까지 영향을 미친다. 즉 〈프로듀스〉 시리즈는 방송을 제작진이 사전에 제작 완료해 시청자에게 제공하는 것이 아니라, 시청자를 오디션 진행 및 결과의 결정권을 지닌 존재로 만들어 프로그램의 빈 곳을 채워 가게끔 했다.

그런 점에서 〈프로듀스〉 시리즈는 게임적이라 할 수 있다. 게임화gamification[8]한 방송 프로그램은 그 이름처럼 방송이 게임적 속성을 띠는 것으로, 시청자에게 사전에 완전히 만들어진 이야기를 제공하는 대신, 시청자로 하여금 마치 게임을 플레이하는 것처럼 프로그램에 직접 참여해 이야기를 바꿔 나가도록 한다. 전통적인 프로그램에서의 이야기가 하나의 완결된 문장과 같이 '처음 – 중간 – 끝'이라는 하나의 질서로 묶인 통사적 형태를 갖추는 데 반해, 게임화한 프로그램에서의 이야기는 백과사전의 항목들과 같이 단순히 나열돼 있을 뿐인 이야기 요소(설정, 규칙·목표·결과, 캐릭터 등)의

---

8   '게임game'과 '~화(되어가는 과정)'를 나타내는 접미사 '-ification'의 복합어로, 게임(에 내재한 여러 요소)을 사회와 일상생활 전반, 그리고 특정 문화 장르나 표현 영역에 활용하는 것을 일컫는다(원용진·강신규, 2013; 井上明人, 2012/2012). 한국에서 '게이미피케이션' 혹은 '게임화'라 불린다. 이 책에서는 '게임화'로 통일해 표기한다.

밭으로 이뤄진다(강신규, 2018). 기존 방송에서의 이야기가 연속적으로 제시된다면, 게임화한 방송에서는 다중적으로 제시(Murray, 1997/2001)된다.

물론 방송 프로그램이 게임화한다고는 해도 진짜 게임은 아니기에, 게임처럼 완전히 이야기 요소의 밭만으로 구성되지는 않는다. 어느 정도 사전에 만들어진 이야기를 제공하면서, 시청자가 참여할 여지 또한 마련한다. 대체로 선형적 이야기가 제시되는 가운데 시청자에게 텍스트 일부를 열어주는 셈이다. 일부라고는 해도, 이야기 요소 중 시청자들에 의해 어떤 것이 선택되느냐, 그리고 선택된 요소들이 어떻게 조합되느냐에 따라 만들어지는 이야기의 내용도 달라진다(원용진·강신규, 2013). 시청자의 참여에 따라 만들어지는 이야기가 달라질 수 있다는 것은, 마치 플레이에 따라 결과가 달라지는 게임처럼, 게임화한 프로그램이 서로 다른 복수複數의 결과로 이어질 수 있음을 나타낸다(東浩紀, 2007/2012). 이는 정해진 결과 하나만을 갖는 대부분의 기존 프로그램과는 구분되는 특징이며, 다양한 결과의 밭에서 하나를 고르는 과정에 시청자가 직접 개입한다는 점에서 시청자에게 훨씬 강한 몰입감을 제공한다.

〈프로듀스〉 시리즈가 게임 같은 텍스트라면, 게임을 게임답게 만들고 진행시키는 방법으로 작용하는 것은 '규칙'이다. 규칙은 게임 세계의 안밖을 구분하는 중요한 경계선 역할을 한다. 우리가 게임에 참여하는 순간 그곳에는 현실에서와는 다른 규칙이 적용되며, 그 속에서 우리는 게임의 지속을 위해 약속된 몇몇 행위의 수행에만 전념한다(Huizinga, 1955/1981). 게임화한 프로그램에서 출연진에게 규칙을 잘 이해시키는 일은 중요하다. 게임이나 미션을 직접 수행하는 주체로, 규칙을 알아야만 미션으로의 진입이 가능하기 때문이다. 물론 규칙을 잘 모른다 해도 실제 수행 과정에서 그것에 익숙해질 수 있다. 하지만 시청자에게 규칙을 이해시키는 일은 더욱 중요하다. 모니터 건너 프로그램을 보는 존재이기에, 시청자는 스스로 신경 쓰지 않는 한 규칙에 대해 상대적으로 덜 익숙할 확률이 높다.

〈프로듀스〉 시리즈는 시청자들에게 프로그램의 핵심 규칙을 경험할 수 있게 하기 위해 온보딩onboarding 시스템[9]을 도입해 왔다. 시즌 1의 '[101 아이돌] 미소녀 연습생 데뷔시키기,' 시즌 2의 '101 마보이 뽑기,' 시즌 3의 '국프의 정원,' 시즌 4의 'DEAR.101'이 그 예다. 이들은 시청자에게 취향에 맞는 연습생을 매칭해 주는 일종의 캐주얼 게임casual game[10]으로, 시청자

9　일반적으로 '조직에 새로 합류한 사람이 빠르게 조직의 문화를 익히고 적응하도록 돕는 과정'을 뜻하는데, 게임에서는 초보자를 게임에 적응할 수 있게끔 하는 기법으로 활용된다.

10　말 그대로 가벼운 형태의 게임이다. 복잡한 구조를 지닌 하드코어

가 선택한 항목에 맞는 연습생을 골라 줌으로써 시청자로 하여금 '자신만의 연습생'을 정할 수 있게끔 유도한다. 국민 프로듀서는 온보딩 시스템을 통해 지지하는 연습생의 어엿한 팬으로 나아갈 수 있게 된다.

온보딩 시스템에 참여하면서 시청자는 100여 명의 연습생들 중 자신의 선택에 의해 매칭되는 연습생을 마주할 수 있다. 원하는 스타일의 연습생을 찾아가거나, 공통된 취향 혹은 관심사를 지닌 연습생과 매칭되는 과정에서 간접적이나마 시청자와 연습생 간 교류가 일어나기도 한다. 다분히 재미 삼아 해 보는 테스트에 그치는 것이 아니라, 연습생과의 매칭 이후 해당 연습생을 후원하는 수준으로까지 이어진다. 시청자가 연습생에게 후원 투표를 하면 포인트가 쌓이고, 포인트가 일정 단계에 도달하면 연습생에게 선물이 전달되는 식이다. 득표 레벨은 총 4~5단계로, 시청자 후원을 받아 각 단계에 도달한 연습생은 지정된 선물과 함께 인

게임에 비해 단순한 규칙과 구조를 보여 준다. 소재 역시 밝고 긍정적인 경우가 많으나, 그 하위 장르는 굉장히 다양하고 범위가 넓은 편이다. 초기의 캐주얼 게임은 체스나 카드 게임처럼 현실에 존재했던 비디지털 게임들을 디지털 게임으로 옮겨 놓은 경우가 많았지만, 최근에는 타일 맞추기 게임처럼 독자적인 장르들 중심으로 제공되고 있다(Juul, 2010/2012).

증 숏을 올린다. 연습생별 1일 1회 투표가 가능하며, 투표할
수 있는 연습생 수에는 제한이 없다. 시즌 3에서의 미야와
키 사쿠라와 시즌 4에서의 김요한은 5단계를 달성해 '간식
차'를 상품으로 받기도 했다. 간접적인 것처럼 보였던 교류
는, 얼굴을 대면하는 수준까지는 아니지만 직접적인 후원으
로 나아간다. 온보딩 시스템을 통해 시청자들은 프로그램의
규칙에 익숙해질 수 있을 뿐 아니라, 연습생 '육성 시뮬레이
션simulation'11이라는 게임의 입구에 들어서게 된다. 연습생은
육성의 대상 캐릭터가, 시청자들은 플레이어가 된다.

　　'규칙'은 게임을 만들고 진행시키는 방법이며, 규칙을
통해 게임은 어떤 것을 얻거나 표현하고자 하는데, 이것이
게임의 '목표'가 된다. 그리고 목표를 갖는 게임엔 반드시 '결
과'가 수반된다. 결과는 무엇보다 강력한 동기 부여 기제로
서 연습생들의 오디션 집중 여부와 도전감, 그리고 행동 등
에 큰 영향을 미친다. 때문에 목표에 따른 결과를 미리 연습

11　캐릭터를 육성하는 것이 플레이의 주가 되는 게임류다.
가이낙스Gainax의 '프린세스 메이커Princess Maker' 시리즈를
시작으로 본다. 플레이어는 일정 기간 단위로 육성 대상 캐릭터의
스케줄을 마련하며, 그 결과에 따라 캐릭터의 능력치가 변화한다.
일정 기간 내에 높은 능력치를 지니게 하거나, 특정 나이, 직업군 등이
되게끔 하는 것이 목표다.

생들에게 알려주는 일은 중요하다. 〈프로듀스〉 시리즈와 같은 오디션 프로그램에서의 결과는 주로 참가자들의 진로와 연결된다. 당연히 참가자들에게 다른 어떤 것보다도 중요할 수밖에 없다. 경쟁도 심화한다. 〈프로듀스〉 시리즈에서 시청자 투표 결과를 보여 주는 방식은 매우 가시적이다. 투표 결과에 따라 연습생들에게 순위를 매기고, 순위표를 제시해 연습생의, 그리고 카메라 너머 국민 프로듀서들의 경쟁을 강화한다.

　　100% 시청자 투표에 의해 결정되는 것으로 제시된 순위표는 연습생의 성과와 지위를 보여 줌과 동시에, 시청자의 성과를 드러낸다. 이전 오디션 프로그램들에서 이름과 순위 표현을 그래픽으로 보여 주는 경우가 많았다면, 〈프로듀스〉 시리즈에서는 거기에 실사 순위까지 제시한다. 이는 피라미드형 무대를 통해 구체화된다. 100여 명의 연습생 중 가장 높은 득표율을 기록한 연습생이 피라미드형 무대 정점에 위치한 의자에 앉는다. 낮은 득표율을 기록할수록 피라미드의 밑바닥으로 내려가거나, 심지어 피라미드 무대 밖 대기석에 머물게 된다. 이러한 피라미드 무대는 연습생의 무대 결과를 순서대로 가시화함과 동시에, 연습생과 시청자의 적극적인 참여를 독려하는 장치로 기능한다는 점에서 게임에서의 리더보드leaderboard 역할을 한다고 볼 수 있다(강신규, 2018).

2) 데이터베이스로서의 연습생과 아이돌

〈프로듀스〉 시리즈의 시청자들은 방송 초반부에 제공되는 프로그램 전체 골격이나 과제/미션 규칙에 대한 설명, 온보딩 시스템, 방송과는 별개로 공식 홈페이지와 OTT에 올라오는 연습생들의 개인 홍보 동영상, 그리고 무엇보다 방송을 통해 프로그램의 설정과 규칙, 캐릭터 등에 익숙해져 간다. 연습생들 몇몇이 눈에 들어올 때쯤 프로그램은 시청자에게 선택을 요구한다. 처음부터 단 한 명의 연습생만을 선택해야 하는 것은 아니다. 시즌의 중반쯤 갖는 첫 번째 순위 발표식에서는 전체 연습생의 절반이 넘는 인원이 살아남는다. 대체로 이때 투표에 참여하는 시청자는 연습생 전원 중 무조건 10여 명의 인원에게 투표를 해야만 한다. 폭넓은 후보군 중에서 시청자는 마음이 가는 10여 명의 연습생을 추릴 수 있다. 이론상으로는, 그렇다.

하지만 복수의 연습생에게 투표해야만 한다는 규정은 다른 복잡한 결과를 야기한다. 어떤 시청자들에게는 좋아하는 연습생 외에 10여 명을 선택해야만 하는 일이 어려울 수 있다. 때문에 반드시 지지하지는 않는다 하더라도 최종 선택된 인원에는 보편적 인기를 얻을 법한 연습생이 포함될 수 있다. 시즌 1의 김세정이 대표적인 예다. 김세정은 방송 초반 매사에 열심히면서도 다른 연습생들을 배려하는 모

습을 보이며 대중에게 폭넓은 인기를 얻었다. 우승을 차지
하지는 못했지만 그는 모든 평가에서 단 한 번도 2등 밖으
로 벗어난 적이 없다. 당연히 모든 연습생 중 최고 평균 등수
(1.625등)를 자랑했다.

또, 일부 시청자들은 자신이 원하는 특정 연습생(들)
을 살아남게 하기 위해 일부러 인기가 없거나 자신이 지지하
지 않는 연습생을 전체 투표 인원 사이에 끼워 넣음으로써
표를 분산시킬 수 있다. 시청자 투표 방식이 전체 시리즈의
중반 이후 '1인 10인 내외 픽'에서 '1인 2픽'으로, 그리고 세
번째 순위 발표식 이후 '1인 1픽'으로 변경되면서 시청자들의
노력은 정교화된다. 이때 연습생은 인격적 존재로서의 개인
이라기보다는 캐릭터로서 데이터베이스화한 존재에 가깝다.
그리고 시청자들은 자신의 픽이 살아남아 다음 과제/미션에
참여하고 프로그램의 주인공이 되게끔 하기 위해 주어진 설
정과 규칙 속에서 데이터베이스를 조합함으로써 텍스트에
개입한다.

연습생들은 여러 미션을 수행한다. 시청자 입장에서
는 자신이 응원하는 연습생이 미션을 수행한다는 점에서 육
성 시뮬레이션 게임을 수행하는 듯한 느낌이 들 수 있다. 하
지만 캐릭터만을 두고 본다면, 육성 시뮬레이션 게임과 〈프
로듀스〉 시리즈는 다르다. 육성 시뮬레이션 게임에서는 행
위의 주체(플레이어)와 대상(캐릭터)이 분리된다. 하지만 프로그

램 안에서는 연습생이 행위의 주체다. 이는 매 순간 시청자와 출연자를 연결해 출연자의 행위를 컨트롤하는 일이 사실상 불가능하다. 오히려 시청자가 연습생들의 콘셉트를 정한다는 지점에 주목해야 한다. 예를 들어 시즌 3 〈프로듀스 48〉의 경우, 5회 이후부터 57명의 연습생을 남겨놓고 '콘셉트 평가 매칭 투표'를 진행했다. 이는 연습생들의 도전 과제를 시청자가 선택하는 투표로, 공식 홈페이지에 올라온 음원을 듣고 그에 맞는 연습생을 매칭해 투표하는 형식이다.

하지만 이 과정도 단순히 시청자가 자신이 원하는 연습생에게 콘셉트를 적용해 보는 수준에만 그치지 않는다. 자신의 투표 결과가 반드시 채택된다는 보장도 없는 데다, 결과적으로 내가 응원하는 연습생이 매칭된 콘셉트를 통해 과제 평가에서 살아남아야만 하기 때문이다. 이에 일부 시청자들은 다른 시청자들과의 조직적 연합을 통해 자신들이 원하는 방향으로 콘셉트 매칭 투표 결과를 만들기 위해 시도한다. 예를 들어 인터넷 커뮤니티 사이트 '디시인사이드 dcinside.com'의 고유진·권은비·김시현·무라세 사에·시타오 미우·이시안·조유리 갤러리 이용자들은 연합을 형성해 해당 연습생들을 '루머' 콘셉트로 매칭하기 위한 홍보를 펼친 바 있다. 심지어 다른 다양한 경우의 수까지 고려함으로써 해당 연습생들이 최대한 〈루머〉 콘셉트에 포함될 수 있게끔 했다. 그 결과 실제로 권은비·김시현·무라세 사에·이시안이 〈루머〉 콘셉트 공연팀에 선발됐다.

　　각 연습생의 팬들이, 7명의 연습생이 정말 한 팀이 되기만을 원해서 공동 전선을 펼친 것은 아니다. 한 연습생을 지지하는 팬들만으로는 원하는 결과를 만들기 어렵기 때문에 전략적으로 다른 팬들과 연합한 것이다. 다시 말해 특정 연습생을 지지하는 팬이 매칭될 모든 연습생을 선호한다기보다는(물론 그런 경우도 있겠지만), 해당 과제를 통과하기 위해 기능적으로 다른 연습생들을 활용하는 일에 가깝다. 이는 역할 수행 게임role playng game(RPG)[12]의 파티 구성 과정, 즉 특정 스테이지 클리어나 몬스터 정복을 위해 내 캐릭터에 다른 캐릭터들을 조력자로 삼는 과정과도 유사하다. 다만 그 파티는 승리만을 위한 파티로, 과정에서의 즐거움은 상대적으로 후순위에 머문다. 개별 연습생 역시 하나의 캐릭터일 뿐이다. 한 연습생이 특정 콘셉트에 매칭된다면, 이는 각 연습생들이 상호 구분되는 특성을 지니며, 사람이 아닌 그 특성이 매칭의 이유가 됨을 의미한다. 진짜 해당 콘셉트가 어울려서

12　플레이어가 특정 직업이나 역할을 가진 캐릭터를 선택해, 다른 플레이어들이나 비플레이어 캐릭터들과 서로 협력을 통해 가상의 상황에서 주어지는 시련을 극복하면서 목표를 달성하는 게임 장르를 말한다. 흔히 넓은 게임 공간, 아이템·사냥·종족·직업 개념 도입, 성장형 캐릭터 등의 특징으로 설명된다.

든 아니면 과제에서 살아남기 위한 것이든, 결과적으로 연습생의 캐릭터는 시청자에 의해 '입혀진다.' 그리고 그렇게 입혀진 캐릭터는 프로그램이 끝난 후에도 이들의 활동에 중요한 영향을 미친다(강신규·이준형, 2019).

3) 제작자와 시청자 간 경합의 장

〈프로듀스〉 시리즈 이후의 아이돌 오디션 프로그램은 시청자들이 선택한 연습생만이 프로그램에 남아 다음 과제/미션을 수행하게 된다는 점에서, 그리고 그 시청자의 선택을 위한 다양한 채널을 마련한다는 점에서 시청자에게 열려 있고 시청자에 의해 완성되는 텍스트처럼 보인다. 물론 실제로 시청자의 선택과 참여가 없으면 프로그램은 진행될 수 없다. 하지만 여기에는 시청자의 선택을 특정 방향으로 쏠리게 하기 위한 제작진의 의도가 고려돼 있지 않다. 제작진에 의해 만들어진 재현representation은 말 그대로 현실을 '다시re' '제시presentation'한 것이다. 제작진은 영상을 사용해 연습생들의 생활과 공연에 대한 의미를 만들어 낸다(Struken & Cartwright, 2001/2006). 당연히 재현의 결과물은 객관적이지 않으며, 그것에는 어떤 방식으로든 제작진의 의도가 녹아들어가 있다. 〈프로듀스〉 시리즈에서 '국민 프로듀서'를 끊임없이 호명한다 해도, 국민 프로듀서의 선택은 제작자의 의도와 동떨어진 진공 상태에서 이루어지는 것이 아니다.

제작진의 의도는 보통 영상에 자연스럽게 녹아들어 있어, 이를 발견하기 어려운 경우가 많다. 하지만 아이돌 오디션 프로그램에서는 꽤 빈번하게 제작진의 의도로 추정되는 일들이 드러난다. 제작진의 의도가 드러남으로 인해 논란이 되기도 하는 지점은 '편집'이다. 아무래도 보통 100명이 넘는 연습생이 출연하다 보니 모두 고르게, 그것도 긍정적인 이미지로 노출되기는 어렵다. 차별적 노출은 팬덤 형성과 순위 결정에 직접적인 영향을 미친다는 점에서 문제적이다. 관련 논란은 〈프로듀스〉 시즌 1때부터 있어 왔다. 대표적으로 시즌 1의 김소혜는 천사의 편집을 통한 분량 확보로 상위권에 랭크됐다. 반면, '악마의 편집'의 희생양이 아니냐는 의혹이 돌던 허찬미는 33위까지 추락했다. 〈프로듀스 48〉에서는 대표적으로 '위스플(위에화+스톤뮤직/스타쉽＋플레디스 엔터테인먼트)' 소속 연습생들이 첫 방송부터 '천사의 편집'을 통한 분량 확보로 1차 순위 발표식에서 상위권에 랭크(1위 이가은[플레디스], 2위 안유진[스타쉽], 3위 장원영[스타쉽], 8위 왕이런[위에화], 9위 최예나[위에화])되면서 시청자들의 불만을 샀다. 반면, 미야자키 미호는 팬들에 의해 '악마의 편집'으로 인한 희생양이 아니냐는 의혹이 제기되기도 했다.

천사의 편집이나 악마의 편집보다 무서운 것은 편집을 통해 배제되는 이른바 '통 편집(분량 실종)'이다. 아예 어떤 이미지도 만들어질 기회가 주어지지 않기 때문이다. 시즌 3 〈프로듀스 48〉 6회 포지션 평가에서 시로마 미루는 현장 투표 1위를 차지했음에도 소감이 통 편집됐고, 적은 분량의 대명사였던 김도아는 5회에서 "그동안 카메라에 많이 비춰진 것은 아니지만 과분한 등수를 주신 것에 감사드"린다는 발언 이후에야 방송 분량을 얻어 낼 수 있었다. 시즌 4 〈프로듀스 X 101〉에서는 토니가 그룹 평가, 포지션 평가, 심지어는 센터를 맡았던 콘셉트 평가 모두에서 인터뷰 통 편집을 당했다. 때문에 분량과 그것을 통한 이미지를 얻기 위해 연습생들은 치열하게 경쟁한다. 공연만이 아니라, (프로그램에서의) 생존에 있어 더 중요한 경쟁이 이뤄지는 셈이다.

　　이렇듯 의도가 드러나는 지점조차도 제작진이 의도한 것인지는 분명치 않다. 분명한 것은, 그 '드러남'이 제작진과 시청자들, 그리고 연습생들 간의 뜨거운 논란의 장이 되면서 결과적으로 프로그램의 화제성을 높이는 데 일조한다는 사실이다(금빛나, 2017. 5. 25). 그리고 시청자들은 방송에서 재현된 모습을 통해서 연습생들을 바라볼 수밖에 없다. 연습생들은 춤, 노래, 외모뿐 아니라 리더십과 인성까지 시청자들에게 평가받아야 한다. 경연 포지션과 결과를 놓고 벌이는 연습생들의 경쟁과 눈치 싸움은 편집을 통해 고스란히 시청자들에게 전달된다(하성태, 2016. 3. 13).

　　하지만 그것들은 편집의 결과라기보다는 사실 편집

의 목적이다. 편집은 여러 상황을 가장 효과적으로 강조하기 위해 사건이나 장면, 숏 등을 선택하고 연결하는 것, 즉 창작자의 의도에 맞게 일련의 사건을 구성하는 것이다. 따라서 편집 과정에서 사건의 어떤 부분을 선택해 어떻게 구성할 것인지는, 창작자가 누구에게 무슨 말을 어떻게 왜 하고 싶은지에 따라 달라질 수 있다(Zettl, 2013/2016). 시청자가 텍스트에 개입한다고 하면 일견 프로그램의 진행을 시청자에게 전적으로 맡기는 것 같은 인상을 준다. 하지만 그 과정은 창작자가 의도한 범위 바깥을 완전히 벗어나 일어나는 일이라 보기 어렵다. 정도의 차이는 있겠으나, 대부분의 상황에서 창작자의 의도는 시청자의 반응과 어떻게든 일정 부분 결합할 수밖에 없다. 물론 프로듀서의 역능(?)에 정면 도전하려는 시청자도 있을 수 있다. 하지만 프로듀서 픽에 부정적인 시청자들 역시 특정 연습생들을 잘 보여 주려고 편집한 걸 알면서도 프로그램을 보는 과정에서 내면화되는 측면이 있다. 최종적으로 제한된 인원을 뽑아야 한다면, 그중 일부는 프로듀서가, 또 일부는 여론이, 나머지는 시청자가 결정하는 것이라고 어느 정도는 타협하게 된다는 것이다.

아이돌 오디션 프로그램 텍스트는 미결정적이다. 때문에 시청자들은, 그리고 제작자(진)조차도 프로그램이 시작할 당시에는 끝이 어떻게 될지 알 수 없다. 여기까지는 스포츠, 퀴즈쇼 등 각본 없는 다른 방송 프로그램 장르들과 다를 바 없다. 게임화한 방송 프로그램으로서 오디션 프로그램이 갖는 차별성은, 결말을 결정짓는 선택이 제작자(진)나 출연자(진)가 아닌 시청자들에 의해 주도되게끔 설계돼 있다는 지점에서 시작한다. 하지만 시청자들에 의해 주도될 뿐, 순전히 시청자의 힘으로만 이야기를 만들어 간다고는 볼 수 없다. 제작자(진)의 의도, 출연자(진)의 생각과 행위, 시청자들의 개인적 선호도나 원하는 결론을 얻어내겠다는 의지 등이 상충하기 때문이다. 따라서 오디션 프로그램은 제작자(진)와 출연자(진), 그리고 시청자들 사이의 싸움이 일어나는 장소라 할 수 있다. 선택의 결과로 만들어진 하나의 (작은) 이야기는 누구에 의해서도 만들어지지 않는 것이거나, 아니면 모두에 의해 만들어지는 것이다. 작은 이야기는 분해돼 있던 의미의 요소들이 연결된 상태이며, 그렇게 만들어진 의미는 사전에 존재했던 것이 아니다.

그렇다 해도 전에 없던 형태로 시청자가 그 과정에 참여한 것은 분명하다. 시청자의 참여만으로 맺은 결과는 아니지만, 시청자 없이는 이야기의 전개 자체가 불가능하며, 시청자의 참여는 어떻게든 텍스트 자체에 영향을 미친다. 이것이 게임화한 방송으로서 오디션 프로그램에 대한 수용이 갖는 속성이다. 하지만 이러한 참여가 언제나 내부에의 개입을 통해서만 텍스트를 만들어 가는 것은 아니다. 또 언제나 제작자(진)가 의도를 갖고 이야기의 방향이나 시청자의 수용 순서를 정하는 것도 아니고, (정한다 해서) 시청자가 그에 반드시 따라야만 하는 것도 따르기만 하는 것도 아니다.

시청자의 참여 여지를 늘린 〈프로듀스〉 시리즈 이후의 오디션 프로그램들은 마치 텍스트와 시청자의 상호 작용을 통해 의미 창출이 확대되도록 참여를 독려하는 개방적인 텍스트인 것처럼 보인다. 이 프로그램들은 시청자에게 열려 있으며, 그렇게 열린 상태에서 시청자들의 지속적인 참여가 가능하도록 만들어졌다. 하지만 이는 동시에 시청자들이 가져야 할 부담이 늘어남을 의미한다. 설정과 규칙에 익숙해질 것을, 그 익숙함을 토대로 방송에 참여할 것을 시청자들에게 요구한다. 시청자가 할 수 있는 일도 많고 해야 하는 일도 많다 보니 그만큼 많은 시간과 노력을 동원해야만 한다. 이처럼 오디션 프로그램은 기본적으로 기존 방송에서보다 훨씬 더 조밀하고 촘촘한, 이른바 '두터운 수용 경험'을 필요로 한다. 시청자로 하여금 최대한의 집중을 깊이 있게 동원해, 비어 있는 텍스트를 여러 층의 행위로 빼곡하게 채워 나가게 하기 때문이다.

여기서 문제는, 프로그램 안으로 들어가 동의할 수 있는 것이 아니라, 동의하지 않으면 아예 안으로의 진입이 어렵다는 점이다. 준비가 돼 있지 않은, 다시 말해 그것이 의식적이든 그렇지 않든 두터운 수용에 동의하지 않는 시청자들은 오디션 프로그램을 온전히 이해할 수도 없고 재미를 얻기도 어렵다. 마치 게임의 설정과 규칙을 모르는 사람이 게임기 앞에서 어떤 효능감도 갖지 못한 채 그저 바라만 볼 수밖에 없는 것처럼 말이다. 물론 수용의 두께에 정도의 차이는 있을 것이다. 프로그램을 일단 보기로 했으면 어느 정도까지 그것에 참여할 것인지, 이를테면 설정과 규칙에 얼마나 익숙해질 것인지, 프로그램만 볼 것인지 자신의 픽(들)에 대한 팬이 될 것인지, 투표 정도만 할 것인지 그 밖의 적극적인 공세를 펼칠 것인지 등에 따라 수용의 두께가 달라질 수 있다. 하지만 텍스트를 제대로 즐기기 위해 시청자는 최소한의 문지방 넘기라는 부담을 떠안아야 한다. 그래야만 능동적이고 생산적인 수용이 가능해진다. 그래서 팬들의 충성도가 그리고 팬들 간의 유대감이 높다. 지속적인 시청과 관심, 참여를 통해 관련 지식과 경험이 두둑해지기 때문이다. 문지방은 높으나 일단 그것을 넘게 되면 시청자들로 하여금 그 안에서 자유를 누릴 수 있게 한다(원용진·강신규, 2013). 그렇게 오디션 프로그램의 개방성은 역설적으로 팬들을 '가둔다'(강신규·이준형, 2019).

2. 놀이/노동으로서의 팬덤

아이돌 산업이 팽창하고 팬덤 간 경쟁이 심화하면서 팬덤 활동에도 본질적 변화가 일어나고 있다. 팬들이 아이돌을 만들고 돌보며, 아이돌/텍스트를 즐기기 위해 시간·비용·노력을 아끼지 않음을 앞서 살폈다. 팬덤의 생산적 측면이 확장되는 만큼 팬들이 해야 할 일 또한 느는 셈이다. 그런 구조 형성에 엔터테인먼트 산업이 개입한다. 이제 엔터테인먼트 산업은 팬을 생산적 소비자 역할을 하게 만드는 데 그치지 않고, 산업 생산 요소의 일부로 만들어 팬에게 동기를 부여하고 지속적인 참여를 유도한다. 그로 인해 팬들은 엔터테인먼트사에 고용돼 있지 않음에도 홍보, 마케팅, 매니지먼트 등 엔터테인먼트사의 역할 일부를 수행하게 된다. 하지만 '즐기면서 일해 주는' 팬덤은 궁극적으로 아이돌 산업의 상업적 가시성과 지속성 확대에 복무할 가능성을 갖는다는 점에서 문제적일 수 있다. 여기서는 아이돌 팬덤이 유희적 측면과 함께 노동으로서의 측면도 함께 가질 수 있다는 점에 관심을 둔다. 그 양가적 참여 메커니즘에 주목함으로써 새로운 팬덤의 양상과 의미를 밝히고자 한다.

1) 아이돌 팬덤과 놀이노동

놀면서 일해 주는 아이돌 팬덤을 논의하는 데 '놀(이노)동playbor' 개념은 유용한 통찰을 제공해 줄 수 있다. 놀동은 놀이play[13]와 노동labor[14]의 조합어로, 줄리안 퀴클리흐Julian Kücklich(2005. 1)

[13] 말 그대로 즐겁게 노는 것을 의미한다. 흔히 노동의 반대편에 있는 개념으로 이해된다. 역사학자이자 철학자인 요한 하위징아Johan Huizinga(1955/1981)에 따르면 놀이는 인간의 본성으로, 실제적인 목적을 추구하지 않으며, 동기가 놀이 그 자체다. 즉 즐거움을 주는 정신적이거나 육체적인 활동이다.

[14] 카를 마르크스Karl Marx는 넓은 의미와 좁은 의미로 노동을 정의한다. 넓은 의미의 노동이란 물질적 실체 그 자체로, 자연이 부여한 인간의 존재 상태이다. 인간은 노동을 통해 자연을 변형하며 자신의 실존을 재생산한다. 반면, 좁은 의미의 노동은 자본주의적인 노동이다. 자본주의적 사회관계 속에서 인간 존재의 본질인 노동은, 추상적이고 동질적인 교환 가치를 만들어 내는 노동으로 그 의미가 축소된다. 자본주의적 노동을 하는 인간은 '이윤 축적'이라는 자본주의적 원리와 관계 맺으면서 가치를 생산할 스스로의 역량에 비해 낮은 임금을 지급받는 '착취'의 메커니즘을 감내해야 한다. 이 과정에서 노동은 그 특수성과 구체성을 잃고 시장에서 거래 가능한 가치를 생산할 때에만 의미를 갖는 추상적이면서도 일반적인 것이 된다(Wayne, 2003/2013). 넓은 의미에서 인간의 본질인 노동은 점차 자본주의적 노동 범주 안으로 포섭되는데, 마르크스가 말하는 포섭되는 노동의 형태는 대체로 일터에서의 임금 노동이었다. 이 책에서의 노동은 대체로 좁은 의미의 노동을 의미한다.

가 게임하는 사람들이 제작사에 고용돼 있지 않음에도, 게임을 즐기면서 게임 산업의 상업적인 가시성과 지속성을 확대하는 자유노동free labor을 제공하고 있음을 잡아내며 만든 개념이다. 가령, 다중 사용자 온라인 역할 수행 게임massive multiplayer online role playing game(MMORPG)의 능숙한 플레이어가 초보 플레이어(들)에게 게임 속 시스템을 이해시키고 그들의 모험을 돕는 일은, 게임 플레이의 일부라기보다는 제작사의 역할이라는 점에서 놀동(Dyer-Witheford & de Peuter, 2009/2015)이다.

유사하게 디지털 미디어 문화·정치 이론가이자 활동가인 티지아나 테라노바Tiziana Terranova(2000)는 특히 팬들이 생산한 콘텐츠에 의존하는 디지털 기반 문화산업 내에서 자유노동이 빈번하게 발견됨을 지적한 바 있다. 디지털 문화산업을 통해 수행되는 수용자들의 일상적인 행위들은, 임금이 지불되지 않음에도 자본주의적 이윤 창출에 활용된다. '자유free'는 여기서 이뤄지는 노동이 무임금unpaid임과 동시에 강제되지 않은unimposed 것임을 나타낸다. 디지털 문화산업의 시대는 노동에 속하지 않았던 영역이 노동이 되고 자본주의에 복속되어 가는 국면인 셈이다. 그런 점에서 테라노바의 자유노동 개념은 퀴클리흐의 놀동과 닿아 있다. 다만 자유노동 개념이 노동 주체가 무임금이면서 강제에 의해 일하는 것이 아님을 강조한다면, 놀동은 노동이 갖는 '놀이적' 성격을 부각한다.

놀동은 산업 자본주의에서 금융 자본주의를 지나 정보/데이터 자본주의로 접어드는 과정에서 함께 변화하는 노동의 속성을 적극 반영하는 '비물질immaterial' 노동이기도 하다. 물질적 노동이 여전히 상품의 물질성을 구성하는 데 초점을 맞추는 데 반해, 비물질 노동은 상품의 정보적·문화적 내용을 생산하는 노동이라는 특성을 지닌다. 여기서 정보적 측면이 노동 과정의 자동화와 함께 컴퓨터를 다루는 것과 관련된 기술들을 지칭한다면, 문화적 측면은 그동안 노동으로 인식되지 않았던 노동자들의 활동과 연관된 것으로, 노동자가 가지고 있는 의사소통 능력과 지적 능력을 포괄한다(Lazzarato, 1996). 결국 놀동은 디지털 기반 문화산업 내에서 이뤄지는 지속적이고 자발적이며 임금이 지불되지 않고 즐겨지지만 착취되는 비물질 노동이라 할 수 있다.

아이돌 팬덤은 다분히 놀동적이다. 상품으로서의 아이돌에 대한 선호를 소비를 통해 드러낼 뿐 아니라, 나름의 문화적 생산물들을 만들어 내면서 선호를 강화하고 그것에 새로운 의미를 입힌다. 관련 인터넷 커뮤니티에서 다른 팬들과 소통하는 행위에서부터 자체 굿즈나 고품질의 동/영상 등을 생산해 유통·판매하는 행위, 그리고 팬 아닌 다른 사람들의 참여를 권장하고 이끄는 행위에 이르기까지, 아이돌 팬덤의 활동은 단순히 그들을 '소비자'로 위치시키기에는 충분히 '생산적'이다. 더욱이 팬덤으로 하여금 이 모든 활동을 수행하게 하는 근본적인 동기는 자발적 선호를 통한 즐거움에 기반하기에, 그들의 실천은 능동적이면서도 유희적이다.

그러나 다른 한편으로 유희적이고 생산적인 팬덤 활동은, 그것을 재전유re-appropriation[15]하고 확대 재생산하여 이윤 창출 기제로 만들고자 하는 아이돌 산업의 욕망과 밀접하게 연관된다. 퀴클리흐는 모드MOD[16] 사례를 통해, 게임 팬들이 게임을 전유appropriation한 결과물인 문화적 생산물

15 전유란 한 사물의 목적에 맞게 나머지 다른 것의 의미를 빌려오거나 훔치거나 대체하는 행위를 말한다. 문화적 전유는 일상용품, 문화적 생산물, 슬로건, 이미지 등이 지닌 요소들의 의미를 바꾸는 과정이다. 수용자들이 문화적 생산물을 취해 다시 편집하거나 다시 쓰기를 하거나 여러 방식으로 그것을 바꿀 때, 전유는 저항적 생산이나 해독의 주요한 형식 중 하나가 되기도 한다. 재전유는 그렇게 전유된 것을 다시 전유하는 것을 말한다. 수용자들이 전유를 통해 문화 상품의 지배적 헤게모니에 저항하는 것처럼, 헤게모니 세력 역시 전유된 결과물을 문화 상품화 과정에 포함시키거나 주변부 문화를 주류로 끌어들이는 식의 재전유 전술을 사용한다(Sturken & Cartwright, 2001/2006).

16 'modification'의 줄임말로, 이미 출시된 게임의 내부 소스코드나 데이터를 플레이어가 직접 수정해 새로운 게임으로 만드는 것을 의미한다. 게임에 등장하는 캐릭터의 외모를 수정하거나 에피소드를 살짝 바꿔 넣는 등 간단한 변형에 그치는 경우도 있지만, 아예 새로운 기능이나 시스템 등을 추가해 완전히 다른 게임 수준으로 바꾸는 경우도 많다.

과 팬 커뮤니티를, 게임 산업이 이익 창출을 위해 재전유하는 모습을 포착했다. 이렇듯 산업은 팬들의 활동을 전유해 새로운 브랜드를 대가 없이 얻거나, 창조적인 아이디어를 구하거나, 기존 상품의 수명을 연장하거나, 소비자의 충성도를 배가하거나, 팬 커뮤니티에서 인재를 찾아 채용하기도 한다 (Kücklich, 2005. 1). 팬들의 실천적 참여가 요구되는 아이돌 산업의 경우도 크게 다르지 않다. 팬들의 놀이 행위와 실천의 결과물들을 활용해 자신의 상품인 아이돌의 가치를 배가시킨다. 팬덤의 자발적 유희 행위가 지불되지 않는 노동으로 치환되는 측면이 존재한다.

산업에서 가장 중요한 상품으로서 아이돌의 가치는 연예 기획 공장 내부의 생산 과정(엔터테인먼트사의 아이돌 연습생 선발, 트레이닝, 기획, 앨범 제작 등의 상품화 과정 등)뿐 아니라, 산업 바깥에서 대중적 인기를 획득하는 과정에 의해서도 만들어진다(이준형, 2017). 이때 대중적 인기를 얻는 과정은 팬덤의 행위를 통해 이뤄진다. 팬들은 이를 자발적이고 즐거운 시간으로 이해한다. 그리고 자신이 지지하는 아이돌의 성장과 치열한 경쟁이 벌어지는 시장에서의 성공을 위해 아이돌을 기획하고 양육하며 관리하는 역할을 기꺼이 받아들인다(신윤희, 2018; 정민우 · 이나영, 2009). 기획 · 양육 · 관리의 역할은 〈프로듀스〉 시리즈를 위시한 아이돌 오디션 프로그램에서 극대화된다. 이러한 프로그램들은 아이돌 '연습생'이라는, 생산 과정을 덜 거친 원재료에 가까운 상품을 등장시켜 팬덤의 기획·양육·관리욕을 자극하고, 생산적 참여를 적극적으로 요청한다. 그리고 시청자/팬들은 연습생들을 고르고 응원·후원하고 투표하고 홍보하는 행위를 자발적으로 수행한다.

놀동은 놀이에서 비롯되는 노동 혹은 놀이와 연관되는 노동을 이야기할 수 있게끔 해 준다는 점에서 아이돌 팬덤의 양가성을 설명하기에 적합한 개념이다. 그런데도 지나치게 포괄적이어서 구체화가 필요하다. 또 노동이 놀이에 감춰져 있고 수용자들의 전유가 산업 자본에 의해 재전유됨을 드러내기는 하지만, 사람들이 그 노동을 왜 그리고 어떻게 하게 되는지, 노동의 구체적인 양상은 무엇이며, 그에 대한 대안은 무엇인지 등에 관한 답을 해 주지도 않는다. 무엇보다 중요한 것은, 놀동이 놀이와 노동을 함께 이야기하고 있음에도 결국은 '자본에 포섭되는 놀이의 결과'로서 노동에 방점을 찍고 있다는 부분이다. 때문에 놀동을 아이돌 팬덤에 단순 적용할 경우, 아이돌/콘텐츠를 향유하는 팬덤이 사실은 산업 자본에 의해 착취 혹은 포섭되는 것으로 결론을 맺는 우(강준만·강지원, 2016)를 범할 수 있다. 하지만 실제 산업과 팬들의 관계는 그렇게 단순하지도, 일방적이지도 않다. 아이돌 산업이 정교화되고 있는 만큼, 팬들도 똑똑해지고 있다. 놀이가 노동화하는 측면이 있다면, 그것이 부정되거나 반대로 작용하는 측면도 존재할 수 있다. 따라서 여기에서는 놀이와 노동 사이의 관계나 방향을 정하지 않은 상태에서 놀동 개념을 사용하고자 한다. 그리고 만약 놀이로 인해 혹은 놀이 속에서 노동이 발생한다면 그 노동은 왜 그리고 어떻게 이뤄지는지, 그것을 우리가 어떻게 바라봐야 할지 살펴본다(강신규·이준형, 2019).

2) 놀이하는 팬덤, 부과되는 노동

아이돌 오디션 프로그램 팬덤은 기본적으로 유희를 위해 연습생을 소비한다. 연습생들이 출연하는 방송 프로그램과 동영상, 음원 플랫폼의 콘텐츠 등이 주요 소비 품목들이다. 팬의 소비 행위는 일방적이지 않다. 연습생들도 팬들의 행위에 반응한다. 팬들의 응원과 후원에 기쁨을 표하고 SNS 등을 통해 감사의 인사를 전한다. 이러한 연습생-팬 간 상호 작용은 연습생에 대한 팬들의 친밀감을 높인다. 데뷔 후에도 팬들은 데뷔 그룹의 음원을 스밍하고 음악 방송을 위시한 각종 투표에 참여함으로써 이들의 가시적 성공에 기여할 수 있다. 아이돌에 대한 순수한 호감과, 아이돌과의 상호 작용, 그리고 자신이 지지하는 아이돌의 산업적 성공이 주는 기쁨은 팬덤을 지속 혹은 강화하는 기제가 된다.

　　　팬덤 안에서 팬들은 즐거움을 느낀다. 그 즐거움은 팬 활동의 '자유성'과 '비경제성'에 기인한다. 자유성이 즐거움의 주체가 즐거움의 원천이 되는 활동을 다른 누군가나 외부 요인으로부터 강요당하지 않는 것이라면, 비경제성은 활동을 통해 어떠한 재화나 부도 만들어 내지 않음을 나타낸다(Caillois, 1967/1994). 팬들의 아이돌을 향한 마음은 누구의 강요도 없이 자발적이며, 어떤 대가도 바라지 않는다. 그렇기 때문에 팬들은 아이돌/콘텐츠를 가지고(혹은 그것과 함께) 놀고, 그 과정에서 충족감을 느낀다. 강요당하는 순간 놀이는 마음을 끄는 유쾌한 즐거움이라는 성질을 잃게 되고, 놀이의 결과가 재화나 부로 연결되는 순간 그것은 더 이상 놀이가 아니게 된다.

아이돌 덕질은 기본적으로 아이돌을 좋아하는 데서 비롯되는 즐거움과 관련된다. 춤추고 노래하고 그가 참여하는 콘텐츠 안에서 그를 발견할 수 있는 것. 아이돌을 좋아하는 일은 영화나 다른 콘텐츠를 보는 일과는 다른데, 실재하는 대상이 있다. 그리고 그 대상과 직간접적으로 소통도 한다. 팬 플랫폼을 설치하고 그에 입점한 아이돌을 구독하면, 새로운 공지 사항이나 콘텐츠, 댓/글 등을 푸시를 통해 알려준다. 그리고 그들과 프라이빗 메시지를 주고받을 수도 있다. 그렇게 좋아하는 대상의 소식이나 정보를 접하고 커뮤니케이션한다는 자체가 팬들에게는 친밀감을 유발한다. 팬이 아이돌을 생각하는 것처럼, 아이돌도 팬에 대해 생각한다. 아이돌은 콘텐츠이지만, 동시에 사람이기도 하다. 팬이 들여다

보고 있는 화면 너머에 사람이 있는 것이다.

　　그러나 팬덤의 자발적 동기에서 출발했던 참여적 행위들은 점차 비자발적 성격을 띠게 된다. 가령 오디션 프로그램의 비어 있는 텍스트로서의 특징은, 그 일부를 시청자로 하여금 채울 수밖에 없게끔 만든다. 프로그램 안에서만이 아니라 바깥에서도 그러한 참여 유도는 계속된다. 가령, 공식 홈페이지 차원에서 팬 활동을 독려하는 '국프의 정원'에는 등급 시스템이 존재한다. 국민 프로듀서는 시스템이 정한 활동(메인 페이지 공유, 연습생 매칭 결과 SNS 공유, 연습생 응원·후원, 국프 Talk에 댓글 작성 등)을 통해 일정량의 포인트를 획득함으로써 특정 등급(그레이, 그린, 옐로우, 오렌지, 핑크)을 부여받는다.

　　등급에 따라 시스템 내에서 활동 가능한 권한이나 프로그램에 참여할 수 있는 자격이 부여되는데, 이는 곧 '국프의 정원'에서 연습생을 응원하기 위해서는 지속적이고 반복적인 활동이 요구됨을 의미한다. 파이널 생방송에 입장할 자격이 주어지는 '핑크' 등급(선착순 96명)에 도달하기 위해서는 무려 1,900포인트가 필요하다. 이는 포인트 획득을 위한 활동을 총 1,900회 해야 가능하다. 한 활동당 최대 횟수가 정해져 있음을 감안하면, 생방송에 가기 위해 팬들은 방송이 이뤄지는 석 달 내내 활동에 매여 살아야 한다. 자신이 응원하는 연습생이 더 좋은 평가를 받고 데뷔할 수 있도록 하려면, 그리고 팬들 사이에서 보다 높은 등급을 받은 우량 팬이 되려면 팬은 의무를 이행할 수밖에 없다.

데뷔 후에는 상황이 더 심각해진다. 데뷔 전까지는 연습생들 사이에서 데뷔조 안에 드는 일에 집중하게 되지만, 데뷔 후에는 동일 시기 활동하는 다른 모든 아이돌과 경쟁하게 되기 때문이다. SNS에서의 홍보, 포털 사이트의 검색 순위 관리, OTT 조회 수 및 '좋아요' 수 끌어올리기, 거기에 스밍, 음원 선물, 온라인 투표 등 본격적인 총공 활동이 팬들을 기다린다. 일차적으로는 내가 좋아하는 아이돌이 일을 할 수 있는 것, 그리고 나아가서는 내가 좋아하는 아이돌이 잘되는 것이 팬들의 바람이다. 그러한 바람을 위해 팬들은 이미 기꺼이 지난한 의무의 세계로 입장한다.

이러한 의무가 문제인 까닭은, 그로 인해 놀이로서의 재미가 보상의 매력으로 치환되고, 궁극적으로는 팬 활동이 '노는' 것이 아니라 '일하는' 것과 관련되기 때문이다. 노동의 의무는 팬의 참여를 통해 작동하는 음악 시장의 시스템과 관련 텍스트에서 비롯되지만, 자신들의 노동을 당연시하는 팬들 사이의 풍조로 인해 견고해진다. 대개 팬들은 시스템을 문제 삼는 대신, 공동체 안에서 노동을 하지 않는 팬에게 팬으로서의 자격을 되묻는다. 공동체 내부의 감시 속에서 팬들은 일을 하게 되는데, 스스로는 그로 인해 지지 대상이 가시적 성과를 낼 수 있고 그로 인해 자신이 즐거워진다는 답을 내린다. 물론 노동의 의무에 대한 생각은 각기 다를 수 있지만, 노동 자체가 유쾌하지 않으며 자신의 일상에서 불필요한 상당 부분을 차지한다는 생각에는 대체로 동의하는 듯하다(강신규·이준형, 2019). 팬 노동 메커니즘에 대한 자각과 무관하게 텍스트의 안과 밖에서 팬덤 활동을 하는 일에 피로감을 느낄 수 있다. 노동 메커니즘은 더 강한 능동성을 팬들에게 요구하며, 결국 팬의 감정적 소진으로 이어질 수 있다.

특히 〈프로듀스〉 팬덤 같은 경우에는 다른 팬덤에서 느끼는 것보다 더 심한 의무감을 갖게 된다. 투표를 전제로 하는 프로그램에서 시작된 '팬질'[17]인데, 모든 팬질이 결과로 이어진다는 것을 아니까 뭘 해도 꼭 해야 할 것 같다고 생각하게 만드는 것이다. 물론 어느 순간부터 못 따라가겠고, 일처럼 느껴지게 될 수 있다. 팬들에게도 일상이 있는데 따라가기 벅찬 일임에는 틀림없다. 노동이라고 생각하면 못할 일이다. 심지어 반복적이기까지 하다. 하지만 그럼에도 팬들이 버티면서 노동에 참여할 수 있는 건, 노동의 결과로 얻는 즐거움이 크기 때문일 것이다. 지금의 엔터테인먼트 시장 상황에서 팬들의 노력 없이 아이돌이 살아남기는 힘들다. 팬들이 노동을 해야 자신들이 좋아하는 아이돌이 일을 할 수 있다.

---

17 '팬'과 접미사 '-질'의 합성어로, 팬 활동을 편하게 부르는 말이다. 여기서는 상황에 따라 '팬질'과 '팬 활동'을 함께 사용한다.

이제 팬덤은 단순히 혼자 텔레비전 프로그램을 보고 그에 출연한 대상에 대해 좋아하는 감정을 갖고 사는 수준에 머물지 않는다. 조직적인 전략 동원과 의무 노동에의 참여를 통해 팬덤이 유지된다. 팬덤 활동의 수준은 두터우면서 깊어지고 있다. 전략 동원과 의무 노동 참여는 기본적으로 투표 수를 늘리거나 음원 조회 수를 늘리는 등 양적인 결과를 위한 것이다. 이는 팬덤 규모의 확장에 대한 필요로 이어진다. 1,000명이 속한 팬덤에 비해 2,000명이 속한 팬덤의 활동은 양적 차원에서 전혀 다른 결과를 기대할 수 있다. 하지만 〈프로듀스〉 시리즈의 경우처럼 프로그램이 방영되는 3개월 동안 팬덤을 급작스럽게 확대하기는 쉽지 않다. 부족한 시간 속에서 구성원이 부족한 팬덤이 생각해 낸 것은 '금권 투표'다. 팬 수가 부족하고 단기간에 팬이 증가할 것 같지 않다면, 팬을 사오면 된다. 물론 사온 팬은 진짜 팬이 아닐 확률이 높지만, 어쨌든 프로그램에서는 한 표를 행사한 사람으로 집계된다. 이에 팬들은 투표를 앞두고 자신이 지지하는 연습생에 투표한 후 인증하면 상품을 주겠다는 이벤트를 온라인상에서 대대적으로 개최한다.

　　이벤트는 온라인상에서만 그치지 않는다. 한 팬은 생방송을 앞두고 배우자가 운영하던 티라미수 카페를 〈프로듀스 48〉에 출연했던 미야자키 미호 응원 카페 'MYAO'로 꾸미며, 미호 팬 활동의 거점으로 삼음과 동시에 오프라인상에서도 이벤트를 펼쳤다. 투표가 이뤄지는 인터넷 사이트의 아이디와 비밀번호를 지참하고 미호에게 투표한 후 인증하면 음료를 500원에 판매하는 식이다. 또, 카페를 찾은 팬에게는 생방송을 위한 다양한 응원 도구도 무료로 제공했다. 카페가 미호에 대한 정보를 교류하는 공간이었음은 물론이다. 대부분 온라인으로 이벤트가 이루어지는 상황에서 시공간 제약이 큰 오프라인 이벤트가 얼마나 효과가 있을지는 미지수다. 직접 찾아가 얻을 수 있는 물적 상품 또한 온라인의 그것에 비해 적어 보인다. 하지만 팬 활동의 거점 마련과 오프라인 이벤트가 흔해진 팬덤 문화에 금권 투표 요소를 더한 이 시도는, 〈프로듀스 48〉 팬 사이뿐 아니라 인터넷 커뮤니티들에서도 큰 화제가 되었다(강신규·이준형, 2019).

3) 놀이와 노동 사이의 팬덤

아이돌 오디션 프로그램뿐 아니라, 프로그램과 연계된 대부분의 활동 일부가 비어 있는 텍스트이며, 그 빈 곳을 팬들의 참여를 통해 채우게 하고 있는 것을 확인했다. 물론 세상에 존재하는 어떤 텍스트도 수용자의 존재 없이 단독으로 존재할 수는 없다. 하지만 모든 텍스트가 오디션 프로그램처럼 수용자에게 불완전한 상태로 제공되는 것은 아니다. 일반적인 기존 텍스트들의 수용 과정이 생산자가 텍스트를 완성하고 수용자에게 제공되는 식이었다면, 오디션 프로그램의 경우는 불완전한 채로 제공하는 텍스트가 시청자/팬의 참여를 통해서만 완성된다. 전자에서 수용이 생산자가 만든 텍스트와 수용자가 상상하는 텍스트 사이에 위치하는 반면, 후자에서는 생산자가 만든 완성된 텍스트가 일단 존재하지 않고 수용자가 수용과 동시에 만들어 가는 텍스트만이 자리한다(강신규, 2018).

하지만 그렇다고 해서 그 텍스트가 시청자/팬에게 권한을 무제한으로 부여하는 것은 아니다. 타인이 만든 환경 속에서 창조적인 역할을 수행하는 것과, 그러한 환경 자체를 창조하는 것 사이에는 분명한 차이가 있기 때문이다. 오디션 프로그램은 전자에 해당한다. 시청자/팬은 어디까지나 생산자에 의해 이미 설정된 가능성의 한계 내에서만 행동할 수 있을 뿐이다. 아무리 선택의 여지가 넓다 해도, 어떤 선택 가능성의 밭도 무한대의 결과를 가능하게 하지는 않는다(Friedman, 1993). 시청자의 모든 행위는 결국 최초의 생산자가 이미 만들어 놓은 형식의 한계 내에서만 가능하다(Murray, 1997/2001). 다른 한편으로 굉장히 많은 경우의 수가 존재한다 해도, 그것이 시청자/팬의 다양한 행동이 가능하다는 의미는 아니다. 이 '열린' 공간은 방송을 만드는 존재의 기획과 의도에 따른 것임이 명확하다.

그 좁은 열린 공간에서 팬은 아이돌/텍스트를 즐기

고 그들을 응원·후원한다. 그리고 나아가 주변에 그들을 홍보하며, 팬덤의 규모를 늘리기 위해 시간·비용·노력을 아끼지 않는다. 온라인과 디지털 테크놀로지를 활용해 자신들의 활동과 아이돌/텍스트를 더 많은 수용자에게 유통시키고자 한다. 하지만 엄밀히 말해 이 중 대부분은 사실 엔터테인먼트사와 방송(채널)사의 역할이다. 엔터테인먼트사와 방송사가 할 일을 팬들이 대신해 주는 것이다. 〈프로듀스〉 이후 오디션 프로그램들은 이 부당한 노동이 어떻게 만들어지고 지속되는지를 보여 준다. 이 노동은 노동을 만들어 내는 시스템에서 비롯되지만, 중요한 것은 시스템 자체가 아니라 시스템을 움직이는 근본적인 힘이다. 이 힘이야말로 부당한 노동의 원천이고, 시청자이자 국민 프로듀서를 포획하는 그물망이다. 당연히 그 힘 또한 방송을 만드는 존재의 것이다. 즉 팬들의 활동=노동은 그들이 좋아하는 아이돌의 성공에서 끝나는 게 아니라, 아이돌을 경유해 최종적으로는 엔터테인먼트사, 방송사 등 산업 자본의 이윤 창출에 기여한다.

그렇다고 팬덤을 단순히 산업 자본의 영향력하에 있는 것으로 치부하기도 어렵다. 물론 놀이가 내적 동기에 의거하는 자기 목적적인 활동이면서 비경제적 활동임을 전제한다면, 팬의 충성도를 높이고 새로운 착취 수단으로 기능하는 아이돌 팬덤에서의 놀이는 이미 본질을 상실한 것이나 다름없다. 그것은 자유롭지도 않고, 비경제적인 것도 아니며,

눈에 띄지 않는 시스템으로부터 강요될 뿐 아니라, 본인의 재화나 부로 연결되지 않아도 궁극적으로 산업 자본의 재화나 부로 연결된다. 그러나 팬덤은 참여자들의 정서와 밀접하게 연관되는 활동이다. 어떤 팬은 자신들의 활동을 노동으로 전혀 생각하지 않는 대신, 오히려 팬덤 내부에서 팽배한 자유성과 비경제성의 정서를 내면화하는 모습을 보일 수 있다. 이 경우는 자신들의 팬 활동을 산업 자본에 (교환) 가치를 창출해 주는 노동으로 여기기보다는, 개인적 (사용) 가치를 증가시키는 자발적이면서도 창의적인 행위로 간주하는 것이라 할 수 있다. 자신들의 행위가 경제적 가치로 바뀔 수 있다고 생각하지 않으면서, 오히려 그러한 생각에 비판적 태도를 보일 수도 있다. 그들에게 있어 자신의 시간과 경험은 돈으로 바꿀 수 있는 것이 아니며, 자신과 자본가 사이가 아닌, 자신과 아이돌 사이에서 만들어지는 것이기 때문이다.

바로 이 지점에서 모순적 상황이 발생한다. 팬들은 아이돌/콘텐츠를 단순한 소비재로 생각하지 않으면서도 그것을 구매하기 위해 기꺼이 지갑을 열고 그것을 널리 알리기 위한 활동을 펼침으로써 그것의 시장 가치를 증가시킨다. 자신들의 행위에 대한 상업성을 긍정적으로 보지 않으면서 동시에 아이돌/콘텐츠 구매와 관련 활동을 팬덤의 자격이자 팬심의 척도로 여긴다. 팬 활동 과정에서 즐거움을 느끼고 그것의 자유성과 비경제적 측면을 강조하지만, 결국 그러한 팬들의 활동은 아이돌/콘텐츠의 시장 가치를 제고할 뿐 아니라 아이돌 산업을 완성하고 유지시킨다(홍종윤, 2014). 하지만 중요한 것은 일부 팬들이 그러한 시스템을 인지하고 있으면서도 그에 저항하거나 그로부터 벗어나려 하지 않는다는 사실이다. 그 이유는 시스템에 저항하거나 벗어나는 일이 어렵고 불가능하기 때문이 아니라, 시스템 안에서 본인이 얻을 수 있는 긍정적 감정이 그 시스템으로 인해 느끼는 부정적 감정보다 크기 때문이다. 그들이 시스템 안에 있는 것은 시스템 안과 밖을 구분하지 못해서가 아니라, 나름의 기준으로 둘을 명확히 구분함으로써 둘 중 하나를 택한 결과다.

거의 모든 아이돌 팬덤이 좋아하는 아이돌 앨범이 나오면 그것을 공(동)구(매)하고 스밍하며, 다른 팬들에게 그러한 행위를 독려하는 데 여념이 없다. 그 모든 일을 엔터테인먼트사가 해야 하는 것임에도, 팬들은 엔터테인먼트사가 안 하면 자신이 해 주면 된다고 생각하기도 한다. 팬들에게 현실에서 실질적으로 이득이 되는 일은 없다. 하지만 그 기조에는 내가 그의 인생에 긍정적 영향을 미친다는 생각이 깔려 있다. 노동임을 알지만 노동이 주는 피로감보다는 그가 주는 감정이 더 크니까 노동을 지속하는 것이다. 그렇게, 알면서도 해 준다. 현실에서 그런 감정을 느끼기 쉽지 않기 때문이다. 주는 감정에 비해 들어가는 비용이 많지 않은 것일 수 있다. 자신이 뽑은 연습생이 데뷔했다면, 그는 자신을 모를 수 있지만, 자신은 그에게 잘해 줬고 그의 인생에 뭔가 기여했다는 느낌을 갖고 산다. 그게 현실에서의 자신에게 영향을 미치지 않는다면, 또 미치지 않기에 좋은 측면도 있다. 현실의 끈적하고 피곤한 일상이 개입하지 않는 관계 말이다. 개인에 대한 현실적 애정도 애정이지만, 자신이 그가 성장하고 무언가 되는 과정에 함께하고 개입했다는 느낌이 중요하다. 그 느낌을 위해 팬들은 언제든 '팬질'을 하거나 멈출 수 있다.

이는 오디션 프로그램이 팬을 즐겁게 해 주는 듯하나 실은 착시에 불과하고, 대신 그것이 일종의 플랫폼으로서 장을 펼쳐놓으면 팬은 그 안에서 욕구와 행위를 토대로 움직이는 것으로 이해 가능하다(Steyerl et al., 2017). 심지어 그것은 팬이 언제든 들어갈 수도 있고 나올 수도 있는 "선택적 세계optional world"(Juul, 2005/2014)다. 그럼에도 팬들이 기꺼이 그 안에 있고자 한다면, 그 세계가 어떻게 구성된 것이든 팬들이 '스스로' 즐거움을 얻는 공간이기 때문일 것이다. 팬을 하나의 집단으로 간주하면 팬심이 팬의 활동을 통해 아이돌에게 전해진다고도 할 수 있겠지만, 대부분의 경우 개인으로서 팬의 마음 하나하나가 전부 아이돌에게 가 닿을 수는 없다. 팬들도 그것을 안다. 오히려 팬이 아이돌을 좋아하는 마음은 아이돌이라는 마음속 가상의 대상을 경유해 다시 팬 자신에게 돌아와 충족감을 주는 것으로 이해해야 한다. 그 충족감은 팬심이 지속되는 속에서만 의미를 가지고,

언제나 결과가 아닌 과정으로 받아들여지며, 팬들의 마음속에 크고 작게 스며든다. 결국, 기획된 시스템 안에서 의도와 무관하게 아이돌 산업의 유지와 확대에 복무하지만, 그 자체를 개인적 사용 가치를 증가시키는 행위로 환원하거나, 선택을 통해 자신만의 만족을 구하기도 한다는 점에서 오디션 프로그램 팬덤 활동은 놀이 노동이 아닌 놀이/노동이다(강신규·이준형, 2019).

3. 놀이/노동의 붕괴와 이후의 리얼리티 오디션 프로그램 팬덤

하지만 앞선 논의들은 〈프로듀스〉 시리즈의 투표 조작 사실이 밝혀지면서 새롭게 쓰여져야 할 상황에 놓인다. 2019년 11월 5일 조작 사건의 핵심 인물인 안준영 PD와 김용범 CP가 구속됐다. 국민 프로듀싱이라는 기본 취지에 맞지 않게 투표 조작을 모의했다는 점이 가장 크게 작용했다. 특히 문제가 된 것은 시즌 3 〈프로듀스 48〉과 시즌 4 〈프로듀스 X 101〉이었다. 시즌 3의 경우 제작진들이 사전에 생방송 무대에 오를 20명 중 최종 12명의 멤버를 정했고, 시즌 4는 생방송 투표뿐 아니라 그 전의 온라인 투표에서도 조작 정황이 드러난 데다, 시즌 3과 마찬가지로 생방송 전에 최종 11명의 멤버를 뽑았다. 그리고 시즌 1 〈프로듀스 101〉과 시즌 2 〈프로듀스 101 시즌 2〉에서도 일부 조작 사실이 밝혀지면서, 사실상 〈프로듀스〉 전 시즌이 조작에 의해 만들어졌음이 증명되었다.

이 프로그램에 열성적으로 참여했던 팬들은 마음 둘 곳을 잃었다. 팬들을 국민 프로듀서로 호명해 프로그램의 일부로 만들며, 끊임없이 그들에게 동기를 부여하고 지속적인 참여를 유도했던 참신한 아이돌 오디션 프로그램은 모두 없던 일이 되었다. 많은 언론과 시청자가 제작진과 엔터테인먼트사뿐 아니라 선발된 연습생들까지 조작의 공범자로 몰아갔고, 〈프로듀스〉 시리즈를 통해 탄생한 아이돌 그룹들은 '조작돌'이라는 오명을 얻었다. 조작 사실이 밝혀진 당시 시즌 1과 2를 통해 데뷔한 그룹들인 아이오아이와 워너원은 이미 프로젝트를 종료했고, 해당 사건의 시발점이 되었던 X1의 경우 일단 데뷔를 했지만 큰 비난이 쏟아지는 속에서 본격적인 활동을 할 수가 없었다. 결국 X1은 2020년 1월 6일 해체하기에 이른다.

언론과 시청자들, 그리고 팬들의 시선은 시즌 3의 결과로 선발되어 활동 중인 아이즈원을 향했다. 한창, 그것도 성공적으로 활동 중인 데다, 프로젝트 종료 기한까지도 1년 반이 넘게 남아 있던 시점이었다. 데뷔 멤버 선정 과정에서 본격적인 조작이 있었음이 밝혀진 만큼, 이후 아이즈원의 활동 방향에 대해 세간의 관심이 쏠리는 것은 당연해 보였다. 아이즈원은 2019년 11월 7일로 예정돼 있던 정규 1집 앨범 발매를 무기한 연기하고 활동도 중단했다. 하지만 얼마 지나지 않은 2020년 1월 6일 활동 재개를 발표하고, 2월 17일에는 정규 1집 〈블룸아이즈〉를 발매했다. 특기할 점은, 정규 1집이 이전에 발매했던 그 어떤 앨범들보다도 큰 히트(역대 걸그룹 음반 초동 3위, 음반 출하량 3위)를 기록했다는 사실이다. 많은 팬이 떠날 우려가 있는 상황에서 오히려 아이즈원 팬덤은, 적어도 음반 판매량을 봤을 때는 단단해진 것처럼 보였다.

이는 팬덤 커뮤니티의 빠른 대응과 무관하지 않다. 정규 1집 앨범 발매가 무기한 연기된 상황에서 아이즈원 팬 연합[18]은 2019년 11월 12일에 1차 성명서를, 12월 24일 2차 성명서를 발표하며 아이즈원에 대한 변함없는 지지 의사를 밝혔다. 1차 성명서는 유사한 사건으로 인한 피해자가 다시는 발생하지 않도록 공식적인 수사 결과를 바탕으로 이 일을 판단해 줄 것을 대중에게 부탁하는 내용이 주가 되었다(다시

18 　디시인사이드 내 아이즈원 대표 팬 갤러리인 '아이즈원 츄 갤러리,' 각 멤버별 갤러리(12개)로 구성. 대표 팬 갤러리는 아니나, '엠넷 갤러리,' '프로젝트걸그룹 갤러리'도 팬 연합 갤러리의 성명에 지지를 보냈다.

인사이드 '아이즈원 츄 갤러리').[19] 2차 성명서에는 회사가 사건에 대한 공식 입장 및 향후 활동 계획을 발표하고 무분별한 비난에 적극 대응해야 한다는 내용이 담겼다.[20] 회사보다 팬들의 대응이 빨랐음을 짐작할 수 있다. 1차 성명서에는 2,000여 개, 2차 성명서에는 900여 개의 일방적인 지지 댓글이 달렸다. 그리고 1차 성명서를 준비함과 동시에 앨범 구매 의향 서명과 응원 메시지를 수합, 아이즈원 응원 메시지북을 제작해 소속사에 전달했고,[21] 2020년 2월 2일 아이즈원 컴백이 확정되기까지 SNS인 트위터를 통해 매일 응원 실트 총공[22]을 진행했다(트위터 '아이즈원 글로벌').[23] 팬덤은 일관적인 태도를 견지하면서 빠르고 꾸준하게 행동했다.

그렇다면 아이즈원 팬들에게 투표 조작 사건은 무엇이었을까. 해체 위기의 상황이 오히려 팬덤을 똘똘 뭉치게 하는 계기로 작용한 것일까. 팬덤 내부에서 의견 차이는 없었을까. 어떤 과정을 통해 이른바 '화력'을 집중할 수 있었을

19   gall.dcinside.com/mgallery/board/view/?id=real__izo&no=911823

20   gall.dcinside.com/mgallery/board/view/?id=real__izo&no=954550

21   gall.dcinside.com/mgallery/board/view/?id=real__izo&no=910598

22   문구 총공에 해당. '실트'는 트위터의 '실시간 트렌드'를 줄인 말이다. 즉 실트 총공은 팬들이 트위터에서 특정 해시태그를 실트로 올려 사람들의 관심을 환기시키고자 하는 행동을 나타낸다.

23   twitter.com/IZONEGLOBALTWT/status/1224135413075533824

까. 분명한 것은, 팬들에게 이 조작 사건이 팬질을 이전과 분명히 다른 것으로 만든 계기가 되었다는 점이다. 그 변화의 양상과 의미를 살피지 않고서 〈프로듀스〉 이후의 팬덤을 말하기는 어렵다. 팬덤이 팬질하는 주체나 대상 자체, 그리고 그들을 둘러싼 요인에 따라 늘 변화하는 것이라고는 해도, 활동 중인 아이돌의 데뷔가 조작에 의한 것임이 밝혀진 경우는 한국 아이돌 산업 역사에서 전무했다. 조작 사건은 단순히 관계자를 처벌하고 책임 소지가 있는 기업이나 사람들이 사과한다고 끝날 문제가 아니다. 팬들의 마음이 조작 사건 이전으로 돌아갈 수 없기 때문이다.

그런 점에서 〈프로듀스〉 시리즈를 중심으로 앞서 살펴본 논의 내용들, 이를테면 산업 자본(과 그 의도)의 범위, 참여적이고 몰입적인 텍스트의 가능성, 그 안에서 즐거움을 취해 나가는 팬들의 행위와 감수성이 조작 사건 이후에도 유효하다고는 보기 어렵다. 조작 사건 이후 그것들이 여전히 작동하는지 그렇지 않은지, 그리고 그것들을 앞으로 어떻게 바라봐야 할지에 대한 새로운 숙제가 던져진 셈이다. 물론 유효하지 않다고 해서 이전의 논의 내용이 모두 폐기해야 할 것은 아니다. 2019년 11월 5일 이후 〈프로듀스〉 시리즈를 경유한 팬덤을 이야기하기 위해서는 당연히 그 이전의 팬덤도 함께 들여다봐야만 하기 때문이다(이준형·강신규, 2022).

1) 〈프로듀스〉 투표 조작 사건 이후 팬덤의 분화

투표 조작 사건 이후 팬들이 〈프로듀스〉 시리즈와 그것을 통해 데뷔했던 아이돌 그룹들에 투입한 놀동은 큰 틀에서 붕괴됐다. 시청자들의 투표를 통해 연습생들이 생존하고 궁극적으로 데뷔한다는 대전제에 대해서는, 그것과 무관한 결과가 이미 결정되어 있었다. 시청자들은 투표 행위를 통해 프로그램에 참여한다고 믿었으나, 그들의 행위는 많은 부분 무용한 것이었다. 시청자들이 국민 프로듀서로 제작진·방송사·엔터테인먼트사와의 관계 속에서 적극적으로 자신이 '픽'한 연습생을 온오프라인에 홍보하는 등의 노동을 아끼지 않았던 과정 또한 실질적인 효력을 제거당했다. 그런 상황에서 팬들은 조작 사건에 대해 전적으로 부정적인 인식을 드러냈지만, 자신의 '팬질'을 둘러싼 환경을 의미화하는 방식은 이전의 팬 활동 경험, 엔터테인먼트 산업에 대한 인식 등에 따라 다르게 나타났다. 이준형·강신규(2022)는 조작 사건 전과 후의 팬덤 비교를 통해 조작 사건이라는 변곡점을 중심으로 한 팬덤 변화를 살펴보았다. 〈프로듀스 48〉의 팬 아홉 명을 인터뷰한 이들은 투표 조작 사건 이후 팬덤의 양상이 크게 네 가지로 분화했다고 보았다. 여기서 그 내용을 간단히 살펴보자.

놀이/노동 경험의 폐기

자신의 팬질과 그로 인해 수행됐던 놀이와 노동 모두를 부정적으로 의미화하며 오염된 놀이/노동의 의미와 자신을 분리하는 팬덤이다. 이에 속하는 팬들은 대체로 〈프로듀스〉 시리즈를 즐길 때부터 산업 자본이 만든 구조에 동참하면서도 그 구조를 이해하며 자신만의 방식으로 일정 부분 즐거움을 취하고자 했다. 자본의 의도를 일정 부분 인지하지만 스스로 설정한 문화적 실천에서 오는 즐거움이 더 크기에, 기꺼이 그 안에서 팬으로 남는 계산적이고 교섭적인 전략을 취했다. 이들은 자신의 놀이+노동 경험과 조작 사건 전반을 부정적으로 보았다. 자신들이 지지했지만 데뷔조에 들지 못했던 연습생들, 데뷔 그룹과 그 활동의 정당성 등에 문제의식을 지니면서, 이후 다른 아이돌 오디션 프로그램을 보거나 팬 활동을 하는 것 또한 어렵겠다는 태도를 취했다.

이들이 산업 자본이 만든 구조를 이해하고 있었음에 주목할 필요가 있다. 첫 번째로 분류되는 팬들은 투표 조작이 몇몇 행위자에 의해 기획된 우발적이고 특이한 사건이 아니라, 산업 자체에 만연한 관습적 행태가 구조적으로 만들어 낸 결과라 본다. 그에 따르면 공정한 게임은 애초부터 불가능한 것이었다. 그리고 제작자와 시청자 간 경합 가능성에 대해서도 회의적인 입장을 취했다. 적어도 조작 사건 전까지 이들에게 〈프로듀스〉 시리즈는 적극적인 참여를 통해 의미를 해독하고 제한적이지만 결과에까지 영향을 미칠 수 있는 열린 텍스트였다. 하지만 조작 국면에서 그 전제가 무의미한 것이었음이 드러나면서, 놀이와 노동의 병행을 통한 의미 생산 경험도 사후적으로 왜곡되는 결과를 낳았다. 지난 놀이/노동은 더 이상 의미를 갖지 않으며, 그에 대한 새로운 의미 부여만이 그 의미 상실을 극복할 수 있는 수단으로 남았다. 이때 첫 번째 그룹에 속하는 팬들이 가장 선택하기 쉬웠던 쪽은 '놀이/노동 경험의 폐기'였다. 과거 수행했던 즐거운 노동을 완전히 부정적인 것으로 만들고, 그것을 행했던 스스로와 분리해 내고자 했다.

놀이/노동에 대한 추억을 폐기하면서 놀이적 감정을 지우고 남는 것은 노동이다. 놀이/노동 행위가 생산했던 의미들이 무화되거나 부정적인 기억으로 뒤바뀌는 상황에서, 오염된 놀이/노동 경험을 폐기하고 그로부터 자신을 분리함으로써 스스로의 감정을 지키려는 행위 또한 감정적 차원, 나아가 감정과 행위에 영향을 미치는 무의식적 차원의 노동에 다름 아니다. 이들은 현재, 과거의 놀이/노동과의 관련 속에서 새로운 노동의 세계로 진입한다. 결과적으로 그것은 놀이에서 비롯되는 노동, 혹은 놀이와 연관되는 노동 모두 아니기에, 팬덤과 팬덤이 만들어 내는 놀이/노동의 세계 바깥에 위치한다.

부정과 애정의 봉합

모든 팬에게 '팬질'했던 과거가 완전히 사라져야 할 것으로
인식되지는 않는다. 어떤 팬들은 투표 과정에 참여하고 연습
생들을 데뷔시키고 이후 활동의 후원·홍보에 대해서도 시
간·비용·노력을 아끼지 않았던 자신의 지난 경험에 대해 허
탈해하면서도, 그 결과물인 데뷔 그룹과 다른 그룹으로 데
뷔한 연습생들을 완전히 외면하지는 않았다. 이들은 지난 경
험에 부정적이면서도 놀이(즐거움)의 결과물인 데뷔 멤버 전
체가 아닌 일부만 바라보는 방식으로 자신의 애정을 보존하
려 했다. 조작 사건 이후에도 사건 자체에는 분노를 표출하
면서, 자신이 지지했던 멤버에게는 여전한 애정을 드러냈다.
자신들이 지지하는 멤버들은 조작으로 인해 데뷔하지 않았
을 것이라는 믿음도 보였다.

　　하지만 타협적 태도를 취하면서도 회의적인 감정이
없지는 않았다. 자신이 높은 순위의 연습생을 지지했다 해
서 조작 자체가 없던 일이 되지 않으며, 그로 인해 데뷔 그룹
을 지지하는 데 정당성을 찾기 어려웠기 때문이었다. 팬질을
그만둘 수는 없지만 꺼림칙한 마음이 지워지지 않는 속에서
이들은 갈등했다. 갈등 후 내린 결론은, 데뷔 그룹은 외면하
되 본인이 지지했던 데뷔 멤버가 등장하는 콘텐츠만 소비하
는 것이다. 노력의 결과물로서 데뷔 그룹과 특정 멤버에 대
한 커다란 애착을 포기할 수 없었기에, 데뷔 그룹의 정당성

은 기각하되 그 안에서 활동하는 특정 멤버는 수용하고 소비를 이어가기를 택했다. 부정과 애정이라는 양가감정을 이러한 방식으로 봉합함으로써, 팬질을 이어 나갔다. 그룹 전체와 다른 멤버들 모두와 관련되는 정보나 콘텐츠는 외면하면서 지지 멤버의 개인 콘텐츠를 찾으려 노력했다.

놀이/노동과 조작 사건의 분리

사건과 결과물 모두를 부정적으로 바라봤지만, 소비자로서 스스로를 위치시키며 사건과 놀이/노동 경험을 분리시켜 당시의 즐거움을 지켜내는 팬들도 존재했다. 이 유형의 팬들은 투표 조작 사건 이후 데뷔 그룹과 자신의 픽 모두에 대해 부정적인 감정을 갖게 됐다. 이에 데뷔 그룹과 자신의 픽을 떳떳하게 소비할 수 없는 상품으로 규정하고 거리를 둠으로써 지난 경험과 스스로 사이에 선을 그었다. 자신의 지난 팬 활동과 조작 사건의 영향력 역시 분리하려고 한다. 자신들의 행위가 조작 사건이나 데뷔 그룹 구성에 가담하는 일이 아니었기 때문에, 이들은 자신들이 겪었던 놀이/노동 경험의 즐거움을 없었던 일로 치부하지 않았다. 돈이 들지 않는 선, 대단한 노력이 필요치 않은 선에서 팬 활동을 해온 인원이 이 유형에 속해 있는 것도, 이러한 의미화와 무관하지 않아 보인다.

　　누군가는 이러한 인식을 두고 진정한 팬덤이 아니라

고 할지 모르겠다. 하지만 팬질의 의미는 팬질 자체에 있고, 팬덤 안에 있지 않은 사람은 그 의미를 이해하기 어렵다. 그렇다고 한때 팬덤 안에 있었던 사람이 지금은 있지 않다고 해서 처음부터 제대로 된 팬질을 하지 않았다고 말할 수도 없다. 모든 팬질은 팬질이 끝나면 아무것도 남기지 않는다. 그 과정에서 그냥 즐거움만을 줄 뿐이다. 팬질로 인한 즐거움은 지금 여기서 팬질하고 있고, 자기 보상적이며, 잉여 에너지가 행위(설사 그것이 놀이/노동이라 할지라도)를 통해 방전될 때 발생한다. 즐거움으로 인한 만족감은 그 행위를 계속하게 하는, 즉 계속 팬질하게 하는 동기가 된다(Bolz, 2014/2017). 만족감이 사라지면 팬질도 멈춘다. 팬질이 멈추는 것은 현재 만족감이 사라졌기 때문이지, 기존의 (만족스러웠던) 팬질이 불만족스럽기 때문이 아니다.

부정적 의미화 속에서 데뷔 그룹 구하기

조작 사건이 세상에 알려지면서 아이즈원은 잠시 활동을 중단했다가 3개월 만에 정규 1집으로 복귀했다. 그리고 정규 1집은 공전의 히트를 쳤다. 이런 성공을 놀이/노동 경험을 폐기하고, 놀이/노동과 조작 사건을 분리한 팬들이 만들어낸 결과라 보긴 어렵다. 그렇다면 부정과 애정을 봉합한 팬들이 힘을 합한 것일까. 아니면 전에 없던 팬들이 새롭게 대거 유입된 것일까. 많은 팬이 갈등과 변화를 겪고 팬질이 다양한 방식으로 분화되는 속에서 명징하게 드러난 것은, 적어도 겉으로는 팬덤이 더욱 견고해진 듯 보였다는 사실이다. 조작 사건으로 전보다 줄어들었을 확률이 높은 팬들의 전보다 훨씬 적극적인 활동이, 아이즈원의 양적 성공을 견인했을 것으로 짐작할 수 있다.

마지막은, 사건의 심각성에 대해 분명히 인지하되 부정적인 감정을 데뷔 그룹이 아닌 산업 행위자들(제작진, 엔터테인먼트사, 방송사 등)에게 돌리며 오히려 데뷔 그룹에 대한 보다 열성적인 지지를 통해 양가적 감정을 봉합하려는 양상이다. 이에 속하는 팬들에게는 조작 사건이 데뷔 그룹 가는 길에 방해가 돼서는 안 되며, 전화위복의 기회가 되어야 한다. 그렇기에 조작 사건 이후에는 자신이 속한 팬덤 안에서 대세가 된 강력 공세 기조를 따랐다. 여기서는 종종 원픽one pick을 넘어 올팬all fan[24] 기조를 택하는 경향도 발견됐다. 적어도 겉으로 드러나는 팬 연합의 기조와는 가장 부합했던 모습인 셈이다.

---

24 원픽은 사람이나 물건 하나를 선택해 좋아하는 행위나, 그 사람이나 물건 자체를 의미한다. 아이돌 팬덤에서의 원픽 역시 한 명의 아이돌이나 연습생을 고르는 행위나, 가장 좋아하는 아이돌이나 연습생을 말한다. 반면, 올팬은 한 그룹의 모든 멤버를 지지하고 좋아하는 것을 나타낸다.

이러한 선택은 다분히 모순적이다. 산업의 행위자들에게 잘못의 책임을 돌리고 비판적 시선을 견지한다 해도 결국 그러한 팬질은 조작 사건의 결과물인 데뷔 그룹의 시장 가치를 제고할 뿐 아니라 나아가 아이돌 산업을 완성하고 유지시키기 때문이다. 하지만 어떤 팬들은 그러한 시스템을 인지하면서도 그에 저항하거나 그로부터 벗어나려 하지 않는다. 여전히 시스템 속에 있길 원한다. 시스템 안에서 본인이 얻을 수 있는 긍정적 감정들이 부정적 감정들보다 크기 때문이다. 결국 여전히 산업 행위자들에 의해 기획된 시스템 안에서 의도와 다르게 아이돌 산업의 유지와 확대에 복무하지만, 그 안에서 즐거움을 계속 찾고, 산업 행위자들에게 분노함으로써, 그리고 자신의 과거와 현재 경험에 대해 후회하지 않음으로써, 새로운 감정적 차원의 놀이/노동을 계속해 간다.

네 양상을 순서에 따라 ① 놀이/노동 경험의 폐기, ② 부정과 애정의 봉합, ③ 놀이/노동과 조작 사건의 분리, ④ 부정적 의미화 속에서 데뷔 그룹 구하기로 정리하고, 이하에서는 편의상 ①, ②, ③, ④로 줄여 지칭하도록 한다.

①과 ③은 지난 팬 활동을 과거의 일로 돌리고자 하는 노력과 관련된다. 다만 ①이 그 과거를 폐기하고 잊고 싶은 것으로 만든다면, ③은 현재를 폐기하고 과거는 좋았던

기억으로 남기려 한다. 이는 그러한 양상을 보이는 팬들이 애초에 〈프로듀스〉 시리즈를 접하면서 취했던 팬질 방식과도 무관하지 않다. ①의 팬들은 산업 자본의 구조를 이해하면서도 그에 동참하여 일정 부분 즐거움을 취하는 존재들이다. 하지만 투표 조작 사건은 그 구조를 이해하고 있다는 명제가 애초에 성립하지 않았음을 보여 주었다. 투표 조작 사건이 우연적인 것이 아니라 구조적 문제에 의해 발생할 수밖에 없었던 것이라면, 그들이 펼쳤던 놀이/노동이나 제작자 - 시청자 간 경합 가능성도 결국은 폐기될 수밖에 없다. 그렇기에 이들은 과거를 현재로 이어 나갈 수도, 과거인 채로 둘 수도 없다. 한편, ③의 양상을 보인 팬은 애초에 대단한 노력이 필요치 않은 선에서 팬질을 해 왔고, 산업 자본과 심지어 팬덤의 대상에까지 의심을 놓지 않았다. 이들에게는 스스로 부여한 즐거움과 만족감이 가장 중요하기에, 투표 조작 사건 이후 과거를 즐거웠던 시간으로 분리시킬 수 있었다. ①과 ③의 팬들에게 남는 것은 과거뿐이다. 즐거웠든 그렇지 않든 자신이 수행한 놀이/노동을 과거로 남기기에, 적어도 이들에게 앞으로 놀이/노동이 계속될 일은 없다.

　　반면, ②와 ④는 현재 진행형의 놀이/노동이다. ②에 속하는 사람들은 다른 팬 활동 경험도 많다. 누군가를 좋아도 해봤고, 그 마음을 내려놓기도 해봤다. 그렇기에 역설적으로 조작 사건에 대해 분노를 표출하면서도 지지 멤버에 대한 애정을 포기하지 못한다. 그래서 아이즈원과 그 활동의 정당성은 인정하지 않되, 지지 멤버에 대한 수용과 소비는 이어 나간다. ④의 팬은 아이즈원을 조작 사건과 완전히 분리시키고 자신의 경험과 노력의 결과물로서 개별 멤버가 아닌 팀 전체에 전보다 더 강력한 지지를 보낸다. 조작 사건 이후 팬 활동의 과거와 현재를 완전 폐기한 ①의 팬들과는 대척점에 있다고도 할 수 있다. ②, ③은 여전히 똑같은 팬인 것 같지만, 전과는 다른 팬의 위상으로 진입한다. 이들은 조작 사건에 영향 받았다고 해도 결국 산업 자본이 기획한 시스템에 남아 아이즈원의 시장 가치를 지속하는 데 복무하는 팬들이기 때문이다. 다만 이들의 놀이/노동은 현재에도, 미래로까지 계속된다.

엔터테인먼트 산업은 오디션 프로그램은 동경, 애착, 지지 등 팬덤의 감정 활용을 극대화하는 전략을 써 왔다. 팬덤은 그렇게 두터운 수용을 요구하는 텍스트 속에서 자발적인 놀이/노동을 경험했고, 그 결과로 데뷔 그룹과 자신의 픽(들)에게 더 강한 애착을 가지게 됐다. 하지만 투표 조작 사건은 팬들로 하여금 지난 경험을 통째로 재의미화하게 할 수밖에 없게 만들었고, 그에 따라 팬들은 나름의 방식으로 자신의 경험을 새롭게 배치했다. 분노하거나 외면하거나 오히려 더 마음을 쏟으면서 자신의 기억과 감정을 관리하고 추스렸다. 산업의 구조적 문제를 지적하는 모습을 보이기도 했지만, 무력감과 상실감, 냉소적 태도를 더 강하게 드러냈다. 산업의 구조적 문제가 사건이 된 상황에서조차도 팬덤은, 감정적 차원, 나아가 감정과 행위에 영향을 미치는 무의식적 차원의 노동을 수행해야 했던 셈이다.

2) 〈프로듀스〉 시리즈 이후의 리얼리티 오디션 프로그램과 팬덤

〈프로듀스〉 시리즈 투표 조작 사건 이후 2020년대 아이돌 오디션 프로그램은 상황이 좋지 않다. 실제로 2020년 방영된 〈로드 투 킹덤〉과 〈캡틴〉은 큰 관심을 받지 못했다. 〈I-LAND〉의 경우만 그나마 해외에서 큰 화제가 됐을 뿐이다. 2021년에는 Mnet에서 〈킹덤: 레전더리 워〉(이하 '킹덤'), 〈걸스플래닛999: 소녀대전〉(이하 '걸스플래닛')이, 지상파에서도 〈LOUD: 라우드〉(SBS), 〈극한데뷔 야생돌〉(MBC), 〈방과후 설렘〉(MBC) 등이 방영되었다. 하지만 〈걸스플래닛〉의 경우 방영 기간이 겹친 〈스트릿 우먼 파이터〉에 비해 시청률과 화제성이 한참 뒤쳐졌고, 〈킹덤〉, 〈LOUD: 라우드〉, 〈극한데뷔 야생돌〉 역시 대중의 무관심 속에 종영했다. 〈방과후 설렘〉은 종영까지 10주 연속 화제성 1위를 달성하며 역대 지상파 아이돌 오디션 프로그램 중에서는 가장 높은 화제성을 기록했으나, 프로그램을 통해 데뷔한 클라씨가 아주 큰 인기를 얻진 못했다.

2023년에는 Mnet 〈보이즈 플래닛〉, 〈퀸덤 퍼즐〉, MBC 〈소년판타지 — 방과후 설렘 시즌2〉(이하 '소년판타지'), jtbc 〈알유넥스트〉 등 여러 오디션 프로그램이 방영되었다.[25] 〈보이즈 플래닛〉은 국내외 코어 팬덤층의 뜨거운 관심을 받으며 종영했다. 반면 다른 오디션 프로그램들은 대체로 국내에서는 흥행에 실패했다. 〈소년판타지〉와 〈알유넥스트〉의 화제성은 〈보이즈 플래닛〉과 비교도 안 될 정도로 낮았다. 〈퀸덤 퍼즐〉도 전작인 〈퀸덤 2〉에 비해 화제성이 떨어지고, 역대 〈퀸덤〉 시리즈 중 제일 저조한 첫방 시청률(0.2%)을 기록했다. 하지만 〈소년판타지〉와 〈알유넥스트〉가 일본 OTT ABEMA에서 K팝 부문 1위에 오르고, 〈퀸덤 퍼즐〉 같은 경우도 ABEMA에서 〈알유넥스트〉에 이어 2위를 차지하는 등 해외

25   시즌제 프로그램들의 경우 걸그룹 오디션을 먼저 진행한 후 성공하면 후속 시즌을 보이그룹 오디션으로 편성하고, 그다음 시즌을 다시 걸그룹 오디션으로 하는 경우가 많다(걸그룹 오디션 → 보이그룹 오디션 → 걸그룹 오디션). 〈프로듀스〉 시리즈를 시작으로, 이후 방영된 〈퀸덤〉과 〈킹덤〉 시리즈, 〈플래닛〉 시리즈 등도 대체로 비슷한 방식을 취한다. 상대적으로 대중성이 높은 걸그룹 오디션을 먼저 열어 시청자들의 반응을 살피고, 기대만큼 혹은 기대 이상의 성과를 거두면 다음 시즌에 코어팬들 위주의 보이그룹 오디션을 준비하는 것으로 이해 가능하다.

에서는 어느 정도 화제가 됐다. 2024년에도 Mnet 〈I-land 2: FIN/αL COUNTDOWN〉과 KBS 2TV 〈메이크 메이트 원〉이 방영되었으나, 시청률과 화제성 둘 다 잡지 못했다.

　　〈프로듀스〉 시리즈 이후 오디션 프로그램들의 성적이 〈프로듀스〉 시리즈를 따라잡지 못하는 이유를 명확하게 규정하기는 어렵지만, 몇 가지 단서들을 꼽아볼 수 있다. 먼저, 일반인 대상 오디션 프로그램이 쇠퇴했던 것처럼 창의적인 출연자 풀이 감소하고, 유사 포맷과 콘셉트에 대한 시청자들의 피로감이 증가한 측면이 있다. 라이트 팬덤light fandom[26]이 확산하는 추세에서 두터운 수용을 요구하는 오디션 프로그램이 부담스러워졌을 수도 있다. 비슷한 맥락에서 오디션 프로그램을 둘러싼 팬들 간 여론전의 심화가 라이트 팬이나 일반 대중의 이탈에 영향을 주기도 한다. 하지만 무엇보다 오디션 프로그램에 대한 실망, 제작진들에 대한 불신 등 조작 사건으로 인한 여파와 후유증이 컸던 것으로 여겨진다.

　　국내에서의 흥행이 전 같지 않아짐에 따라, 해외 흥행의 중요성이 갈수록 커지고 있다. 설사 국내에서 큰 성과

26　코어팬core fan, 헤비팬heavy fan 등의 반대말로, 가볍게 즐기는 팬덤을 뜻한다.

를 내지 못한다 해도, 해외에서 흥행하면 만회 또는 전화위복이 가능하기 때문이다. 물론 해외 시장으로의 진출은 내수 시장의 성장 한계, 다국적 그룹 체제의 안착, 아시아권만이 아닌 다른 대륙으로의 팬덤 확장 등과 함께 산업 자본에게 선택이 아닌 필수가 된 지 오래다. 아예 중심 활동 무대를 해외 쪽으로 잡는 아이돌도 늘어났다. 이제 오디션 프로그램은 다양한 채널을 통해 해외에서 방영된다. 가령 〈보이즈 플래닛〉의 경우, 유튜브는 물론이고, ABEMA(일본), 아프리카TV kpopid 채널(인도네시아, 태국, 베트남), 라쿠텐 비키Rakuten Viki(미국, 영국, 포르투갈, 스페인, 폴란드), Viu(싱가포르, 필리핀), tvN 아시아(스리랑카, 홍콩, 대만 등) 등을 통해 전 세계에 영상을 송출했다.

이처럼 일반인 대상 오디션 프로그램의 한계를 극복하고 오디션 프로그램 역사의 한 페이지를 새롭게 써내려 갔던 아이돌 오디션 프로그램도 국내에서는 쇠퇴기에 접어든 것처럼 보이지만, 또 해외에서 인기를 얻기도 하면서 명맥을 이어가고 있다. 〈프로듀스〉 시리즈의 혁신과 인기를 뛰어넘는 텍스트가 등장하지 않고, 데뷔 그룹의 성과도 이전 데뷔 그룹만큼 못한 이유가 각 프로그램 자체나 출연진의 창의성이나 매력 부족에 기인한 것인지, 인기 프로그램이 등장할 수 없는 환경이 되어 버려서인지, 둘 다인지, 또 다른 중요한 이유가 있어서인지 확신하긴 어렵다.

하지만 분명한 것은, 오디션 프로그램이 정말 단순히 방송만을 위한 프로그램으로서 시청자가 시청하면 끝나는 무언가가 아니라는 사실이다. 엔터테인먼트사, 미디어, 음악 스트리밍 플랫폼, 팬 플랫폼 등이 한데 모이는 장으로서 프로그램이 제작·방영되는 자체가, 엔터테인먼트 산업 시스템의 작동과 지속을 위해 필요한 작업이다. 그 결과물로 데뷔한 그룹도, 어쨌든 전문가와 대중의 평가를 한 번 받고 엔터테인먼트 산업에 진입했다는 상징성을 지닌다. 많든 적든 프로그램을 통해 생긴 팬과 함께 활동을 시작하는 것도, 그렇지 못한 아이돌들에 비하면 큰 자산이 된다. 오디션 프로그램의 전성시대가 빠른 시일 내 돌아오기는 쉽지 않겠지만, 당분간 오디션 프로그램이 계속 만들어질 것으로 점쳐지는 이유다.

3

커뮤니케이션을
소비하는 팬덤

1. 팬 플랫폼의 등장과 확산

아이돌 팬 플랫폼[27]이 팬덤의 풍경을 바꾸고 있다. 이 새로운
공간이 갖는 대표적인 특징은 '올 댓 팬덤all that fandom'이다.
기존에 여러 채널로 분산돼 행해지던 팬 활동이 이제 팬 플
랫폼으로 집중된다. 팬 모집·관리부터, 공지 사항 전달, 자체
콘텐츠 유통, 온오프라인 굿즈 판매 및 이벤트 예매, 그리고
팬과 팬 간 소통에 이르기까지, 팬 활동 전반이 팬 플랫폼을
통해 이루어진다. 대표적인 팬 플랫폼이라 할 수 있는 위버
스Weverse와 디어유 버블Dear U Bubble(이하 '버블')[28]의 산업적 성

27　팬덤 플랫폼으로도 불리며, 팬으로 하여금 그 안에서 아이돌과
관련한 상품과 서비스를 이용하고 다양한 커뮤니케이션과 커뮤니티
활동을 펼칠 수 있게 하는 모바일 기반의 공간을 의미한다.
28　버블은 관심사 기반 팬 커뮤니티인 리슨Lysn의 대표 서비스다.
하지만 리슨의 팬클럽 및 일반 공식 커뮤니티 서비스는 2022년 7월

취도 괄목할 만하다. 2019년 6월 출시된 위버스의 매출액은 2019년 782억 원에서 1년 만인 2020년 약 3배인 2,191억 원까지 증가했다(최호진, 2022. 9). 2022년에는 3,077억 원(정은지, 2023. 5. 4), 2023년에는 3,379억 원(남혜연, 2024. 2. 26)의 매출액을 기록했다. 2019년 방탄소년단과 투모로우바이투게더 두 팀에 불과했던 입점 아티스트[29]는 2024년 8월 말 기준 147팀에 달한다. 2018년 12월 서비스를 선보인 버블의 개발·운영사 디어유Dear U의 2020년 매출액은 130억 원이었지만, 2022년에는 약 3.8배인 492억 원, 2023년에는 약 5.8배인 757억 원으로 늘었다. 동기간 영업 이익은 −4억 원에서 286억 원이 되었다(이지혜, 2023. 2. 16; 〈디지털투데이〉 AI리포터, 2024. 2. 5). 2021년 11월에는 코스닥 상장도 했다.

　　팬 플랫폼의 영향력은 산업 차원에만 국한되지 않는다. 팬 플랫폼은 팬들의 일상에서 향유된다. 갈수록 더 많은 팬이 팬 플랫폼에서 더 오래 머문다. 245개 국가·지역에 서비스 중인 위버스는 2023년 6월 전 세계 팬 플랫폼 최초

20일 종료되었으며, 현재는 리슨에서 버블만 이용할 수 있다. 따라서 이하에서는 버블에 초점을 맞춰 논의를 해나가도록 한다.

29　　특히 한국에서 아이돌이나 배우 등을 칭하는 표현이다. 유튜버를 '크리에이터'로 부르는 것과 유사한 맥락이다. 이하에서는 상황에 따라 '아티스트'와 '아이돌'을 함께 사용한다.

로 1억 다운로드를 돌파했다(우수민, 2023. 7. 14). 월간 활성 이용자 수monthly active users(MAU)는 2023년 7월 1,000만 명을 돌파한 이래 3분기 평균 1,050만 명을 유지했다. 2023년 1월부터 11월까지 이용자당 월 평균 방문 일수는 10.2일, 월 평균 이용 시간은 246분으로, 2022년(방문 일수 9.2일, 이용 시간 171분)에 비해 크게 증가했다(위버스컴퍼니, 2023). 버블은 한국뿐 아니라 중국, 일본, 미국, 유럽 등에 서비스되며, 2024년 1분기 기준 약 230만 명의 가입자를 보유했다. 2022년 1분기 가입자가 130만 명(장우정, 2024. 6. 25)이었음을 감안하면, 2년 만에 100만 명의 이용자가 버블에 신규 가입한 셈이다. 이제 기존의 팬들뿐 아니라 팬덤에 진입하는 팬들이 팬질을 할 때 가장 먼저 해야 할 일은, 휴대전화에 팬 플랫폼을 설치하고 가입하는 것이다(신윤희, 2022). 등장 이후 5년이 조금 넘는 기간 동안 팬 플랫폼이 어떻게 산업적 성장과 함께 팬들의 일상에 깊숙이 자리매김하게 되었는지에 대한 진술들을 주변에서 찾는 일은 어렵지 않다.

무엇보다 팬 플랫폼이 갖는 강력함은, 아이돌과 팬이 직접 커뮤니케이션할 수 있는 완전히 새로운 방법을 제공한다는 데 있다. 자신이 좋아하는 아이돌(들)을 구독하고 그들과 자유롭게 댓/글이나 프라이빗 (음성) 메시지를 주고받음으로써 팬 플랫폼에서 아이돌 - 팬 간 관계는 전에 없이 가까워질 가능성을 갖는다. 하지만 팬 플랫폼의 인기와 영향력이 커질수록, 포털 사이트의 카페, 커뮤니티 사이트 갤러리/게시판, SNS 등 기존에 팬이 모이던 곳들의 인기와 영향력은 줄어들 확률이 높다. 대부분 팬들에 의해 자생적으로 운영돼 왔던 무료 팬 커뮤니티가, 산업 자본이 만든 유료 기반 플랫폼에 흡수될 수 있다는 것이다(장지현, 2022). 이는 단순히 팬덤 무대의 이동과 통합만을 의미하지 않으며, 팬덤 안에서 이뤄져 왔던 다양한 주체들 간 커뮤니케이션의 방식과 방향에까지 영향을 미칠 수 있다.

팬덤의 무대가 바뀌고 그 안에서 새로운 방식·방향의 커뮤니케이션이 이뤄진다는 점은, 팬이 아이돌을 대하는 지각과 감각, 그리고 아이돌/콘텐츠의 의미를 구성하고 대하는 방식이 이전과는 다른 무언가가 됨을 나타낸다. 그렇기에 이제 팬덤을 논의하는 데 있어, 팬덤에서 팬 플랫폼이 무엇이고, 그것에 팬들이 어떻게 반응하며, 그것을 이용하는 행위의 의미를 어떻게 바라봐야 할지에 대한 고려를 빼놓을 수 없을 것으로 보인다(강신규, 2022). 팬 플랫폼이 팬 활동의 주된 무대가 되고 팬 플랫폼 없는 팬덤을 갈수록 상상하기 어려워지는 상황에서, 팬 플랫폼이 만들어 내는 새로운 팬덤의 양상과 의미를 살펴보자.

1) 주요 팬 플랫폼

수많은 팬 플랫폼이 뜨고 지는 상황에서, 위버스, 버블, 유니버스를 주로 논의해 보려 한다. 세 플랫폼 모두 정도의 차이는 있어도 아티스트와 팬의 커뮤니케이션이 본격적으로 이뤄지는 장임을 표방한다. 이들은 아티스트와 팬 사이에 전보다 가깝거나 직접적인 커뮤니케이션이 가능함을 강조하고, 팬들을 커뮤니케이션의 대상에서 주체로 만든다. 거기에 공지 사항 전달, 자체/독점 콘텐츠 유통, 커머스 등과 같은 기능들을 함께 제공해 팬 활동 전반을 그 안에서(만) 펼치게끔 만든다. 물론 커뮤니케이션 외의 기능들은 대체로 기존 팬 커뮤니티에서 발견되는 것이기도 하다. 하지만 팬이 아닌 산업 자본에 의해 기획됐다는 점, 여러 서비스에 흩어져 있던 기능들이 한 공간에 모여 있다는 점에서는 기존의 것과 차별화된다. 그리고 무엇보다 셋은 2010년대 후반에 등장해 초기 팬 플랫폼의 원형을 구축했다는 공통점을 가진다.[30] 보

---

30   유니버스의 경우 2023년 2월 서비스를 종료했지만, ICT와 팬 활동의 결합을 혁신적으로 추구했다는 점, 그리고 디어유에 매각되면서 팬 플랫폼 구도를 3강 체제에서 양강 체제로 전환하고 팬 플랫폼의 단일화·거대화 흐름을 열었다는 점에서 빼놓을 수 없는 팬 플랫폼이라고도 할 수 있다.

다 자세한 논의에 앞서 세 플랫폼에 특징을 정리하자면 다음과 같다.

위버스는 '우리We'와 '우주Universe'의 합성어로, 하이브의 자회사인 위버스 컴퍼니에서 개발·운영하는 팬 플랫폼이다. 이름처럼 아티스트와 글로벌 팬이 함께 만들어 가는 공간이며, 아티스트가 직접 남긴 이야기에 직접 반응하고 다른 팬들과도 소통이 가능하다. 기본적으로는 무료이나, '멤버십 온리Membership Only 콘텐츠(음성, 동/영상 등)'는 입점 아이돌의 글로벌 오피셜 팬클럽 멤버십에 유료로 가입해야 이용할 수 있다. 기존 팬클럽 정회원과 유사하게, 앨범 구매, 티케팅(금액 할인 혹은 예매 기간 오픈), 굿즈 구매, 콘텐츠 공개 일시 등에서 유료 회원들에게 조금이나마 우선권을 준다. 커머스 행위는 별도로 마련된 '위버스샵'을 통해 이뤄진다. 아티스트의 댓/글 작성에 대한 푸시 알림, 아티스트에게 알리고 싶지 않은 글 숨기기, 외국어(영어, 중국어, 일본어 등) 자동 번역 등 다양한 커뮤니케이션 기능을 보유했다(위버스 앱; 위버스 홈페이지).

버블은 SM엔터테인먼트의 계열사인 디어유에서 개발·운영한다. 아티스트의 메시지를 일대일 채팅방을 통해 수신하고 수신한 메시지에 답장을 보낼 수 있는 월 구독형 프라이빗 메시지 서비스를 표방한다. '프라이빗'에서 알 수 있듯 팬에게는 다른 팬들의 메시지가 보이지 않고 아티스트와 자신의 메시지만 보인다. 아티스트의 경우는 팬들 전체의 메시지를 같이 볼 수 있다. 송신은 일대다, 수신은 일대일인 셈이다. 팬들은 메시지 수신을 원하는 아티스트 개인이나 그룹의 멤버별로 구독을 할 수 있고, 구독한 멤버로부터 수시로 문자·음성 메시지, 동/영상, 이모티콘 등을 받게 된다. 팬이 보낼 수 있는 메시지 수는 무제한이 아니며, 아티스트가 보낸 마지막 메시지를 기준으로 총 3회 답장을 보낼수 있다(버블 앱).

유니버스의 경우 개발·운영사가 엔씨소프트로, 셋중에선 유일하게 엔터테인먼트사와 직접 연결되지 않은 회사의 플랫폼이다. 기본적으로 멤버십제로 운영되며, 아티스트가 남긴 이야기에 직접 반응하고 다른 팬들과도 소통할 수있다는 점에선 위버스와, 프라이빗 메시지 서비스가 제공된다는 점에선 버블과 유사하다. 하지만 유니버스는 인공 지능과 같은 정보 통신 기술과 콘텐츠·팬 활동을 결합한 서비스들을 추가로 제공한다. 아티스트의 인공 지능 음성을 활용해 상황을 설정하고 예약 통화하는 '프라이빗 콜,' 아티스트 굿즈의 구성품인 유니버스 QR 코드를 인식시켜 팬덤 활동을 기록하는 '컬렉션,' 아티스트가 직접 참여한 모션 캡처 motion capture로 뮤직비디오 제작과 스타일링을 할 수 있는 '스튜디오,' 실시간 공연을 포함한 온라인 팬 미팅 '팬 파티,' 팬과의 영상 통화만을 진행하는 '일대일 라이브 콜' 등의 서비스가 대표적이다(유니버스 앱; 유니버스 홈페이지).

2) 아이돌 팬덤과 커뮤니케이션 소비

기존의 대중문화 텍스트는 대체로 이야기narrative를 제공했다. 소설, 만화, 영화, 텔레비전 드라마, 애니메이션과 같은 이른바 '이야기의 대중문화' 텍스트에서 이야기는 가장 중요한 요소로 기능해 왔다. 하지만 이제는 누구나 쉽게 동영상을 만들고 편집할 수 있게 되면서, 이른바 이용자 제작 콘텐츠user created content 플랫폼이 속속 등장하고 큰 인기를 끌고 있다. 해당 플랫폼을 통해 이용자는 동영상을 투고하고, 영상 위에 짧은 코멘트를 달거나, 다른 이용자들의 코멘트를 실시간으로 읽는다. 투고자는 다른 이용자들이 얼마나 많이 자신의 콘텐츠를 확인했는지, 어떤 코멘트를 달았는지 확인할 수 있다. 이용자는 동영상을 설사 혼자 시청한다 해도 다른 이용자들의 코멘트를 보면서 마치 함께 이야기 나누며 콘텐츠를 보는 듯한 현장감을 느끼게 된다. 실제 이용자들과 실시간으로 채팅하면서 진행되는 콘텐츠도 많다. 이용자의 작품이 이용자에 의해 창작되고 소비되며, 그 중심에는 이용자들 간 커뮤니케이션이 자리한다. 최근 대중문화에서 특정 텍스트는 내러티브 대신 수용자와의 혹은 수용자 간의 커뮤니케이션이 부각되고 있다. 이러한 경향을, 비평가 마에지마 사토시前島賢는 '커뮤니케이션 소비'라는 개념으로 읽어 낸다.

마에지마의 커뮤니케이션 소비론이 등장하는 데 지대한 영향을 미친 이론가이자 비평가인 오스카 에이지大塚英志와 아즈마 히로키東浩紀의 논의를 우선 살펴보자. 커뮤니케이션 소비의 대칭점에 있다 할 수 있는 '이야기 소비'를 주장한 오스카는, 초기 포스트모던 시대 대중문화 텍스트의 특징을 설명하기 위해 장프랑수아 리오타르Jean-François Lyotard의 '큰 이야기meta narrative' 논의를 빌려온다. 그에 따르면 사람들에게 소비되는 것은 개별 콘텐츠나 물건이 아니라, 그 뒤에 숨어 있는 '시스템(큰 이야기)' 자체다. 하지만 시스템을 직접 팔 수는 없기 때문에, 한 단면인 1회분의 콘텐츠나 하나의 물건(작은 이야기)을 그럴듯해 보이게끔 만들어 판매한다.[31] 이에 대한 소비를 오스카는 이야기 소비라 불렀다(大塚英志, 2005).[32] 오스카는 이야기 소비를 낳는 상품을 비판적으로 바

---

31   여기서 '큰 이야기'는 프랑스의 철학자 장프랑수아 리오타르가 언급했던 것처럼 모든 역사적 사건이 이해되도록 설명해 주는 큰 '이념'(Malpas, 2002/2008)이 아니라 '전체 콘텐츠'에 가깝다. 하지만 이 시도는 단순히 개념을 축소하는 것이 아니라, 오히려 '시스템＝전체 콘텐츠'를 '이념＝세계관'을 포함하는 개념으로 확장한다고 볼 수 있다(강신규, 2018).

32   오스카는 1980년대 일본 어린이들 사이에서 크게 유행했던 '빅쿠리맨ビックリマン 초콜릿'이 ① 초콜릿 자체가 아니라 덤으로 주는

라보는데, 소비자가 여러 작은 이야기 소비의 축적 끝에 큰 이야기를 손에 넣으면, 자신의 힘으로 작은 이야기를 자유롭게 만드는 일이 가능해지기 때문이다. 즉 이야기 소비의 최종 단계는 상품을 만드는 일과 소비하는 일이 일체화되고, 자신의 손으로 상품을 만들어 내고 소비하는 소비자만 남게 되는 것이다(佐々木敦, 2009/2010).

　　아즈마는 오스카의 사고를 이후의 포스트모던 논의로 발전시킨다. 포스트모던 도래 전, 즉 근대는 큰 이야기로 대표되는 시대였다. 한편에는 의식에 비치는 표층 세계가 있고, 다른 한편에, 하지만 본질적으로 표층을 규정하는 심층인 큰 이야기가 존재했다. 그러나 포스트모던 시대의 도래와 함께 그러한 세계상은 붕괴됐다. 그리고 그 자리에 데이터베이스가 들어선다. 정보의 집적으로 만들어진 데이터베이스가 큰 이야기를 대신해 심층에 자리하고, 표층은 수용자의 수용에 의해 구성되는 작은 이야기로 채워진다. 여기서 작은 이야기가 한 텍스트의 특정 이야기라면, 데이터베이스는 그

실seal이 구매의 주된 이유로 작용했다는 점, ② 실에 그려진 캐릭터가 특정 애니메이션이나 만화를 기초로 하고 있지 않은 원본이라는 점, ③ 어린이들이 실을 사서 모음으로써 배후에 있는 빅쿠리맨 이야기를 처음으로 알 수 있었다는 점에서 이야기 소비라 분석한다(佐々木敦, 2009/2010).

와 같은 이야기를 지탱하지만, 표면에는 드러나지 않는 설정(기획 의도·콘셉트, 시공간 배경 등), 규칙·목표·결과, 캐릭터 등을 의미한다. 이제 표층은 심층만으로 결정되지 않으며, 수용자가 데이터베이스를 어떻게 선택·조합하느냐에 따라 진행과 결과가 달라질 수 있는 작은 이야기가 만들어진다(東浩紀, 2001/2007). 그렇게 큰 이야기가 사라지고 데이터베이스 기반의 작은 이야기가 소비되는 것을 '데이터베이스 소비'라 부른다. 근대 이전의 이야기꾼이 '신화와 민담의 집적' 속에 살았다면, 근대의 작가/독자/시민은 '자연주의 리얼리즘'[33] 속에 살았다. 그리고 좀 더 진행된 포스트모던 사회의 대중은 데이터베이스를 소비하며 살아 간다(東浩紀, 2007/2012).

오스카와 아즈마의 논의에 이어, 마에지마는 보다 최근의 대중문화 텍스트에서 더 이상 이야기가 중요하지 않은 경향이 나타남에 주목한다. 큰 이야기가 쇠락하고, 작은 이야기에의 집중을 경유해, 이야기 자체가 별다른 의미를 갖

---

33 자연주의 리얼리즘은 근대 문화 장르의 전형으로, 전 근대적 이야기 양식들이 내재하던 각양각색의 전제들을 무효화하고, 보다 많은 대중에게 다가가기 위해 도입한 방법이었다(東浩紀, 2007/2012). 리얼리즘이 현실을 있는 그대로 묘사하는 데 중점을 두었다면 자연주의는 거기서 더 나아가 과학적 방법론에 따라 그 상황을 분석·관찰·실험·검토한 객관적 상황을 묘사하고자 했다.

지 못하는 시대가 도래했다는 것이다. 이야기가 빠져나간 자리는 '커뮤니케이션'이 메운다(前島賢, 2014/2016). 이야기(큰 이야기)에서 탈脫이야기(데이터베이스)로, 탈이야기에서 비非이야기(커뮤니케이션)로의 이행이 이루어지는 셈이다(강신규, 2018). 이야기를 전하는 텍스트들 대신, 수용자 간 교류나 소통에 집중하는 텍스트가 인기를 끈다. 기존 대중문화 텍스트에서 이야기가 텍스트의 내용 자체였다면, 커뮤니케이션 중심의 텍스트에서는 커뮤니케이션을 하고 있다는 사실이 부각된다. 그렇기에 개별 작품이나 작가/창작자를 분석하는 일이 큰 의미를 갖지 못하며, 대신 시스템과 커뮤니케이션 자체가 중요한 논의 대상이 된다(前島賢, 2014/2016).

물론 이야기를 전하는 텍스트들 대신 수용자 간 교류나 소통에 집중하는 텍스트가 인기를 끈다 해서, 아직까지 미디어 전반에서 그러한 텍스트가 지배적이라고 보기는 어렵다. 오늘날의 미디어 환경에서 이야기 소비와 커뮤니케이션 소비는 함께 존재한다. 더욱이 각각의 소비도 별개로 작동하는 것이 아니라, 상호 연관 속에서 작동한다. 기존 논의에 새로운 아이디어를 끼워 넣음으로써 소비의 흐름과 방향을 정리했지만, 그 유형과 방향을 구체적인 소비 양상에 따라 유연하게 적용할 수 있다는 것은 커뮤니케이션 소비론이 지닌 장점이다. 여기서는 그 장점에 주목해, 커뮤니케이션 소비를 중심으로 팬 플랫폼과 팬덤 변화를 논의하되, 이야기 소비와 데이터베이스 소비도 함께 동원한다. 이야기 소비 및 데이터베이스 소비와의 연장선상에서, 팬 플랫폼을 통해 커뮤니케이션을 소비하는 팬덤에 대해 논의하겠다는 것이다.

당연히 팬 플랫폼으로 인한 팬덤 변화를 커뮤니케이션 소비로만 설명할 수 있는 것은 아니다. 그럼에도 팬 플랫폼에서 커뮤니케이션 소비가 두드러지는 것은 분명해 보인다. 이야기 소비를 구성하는 전통적 대중문화(이야기의 대중문화)는 창작자에 의해 크고 작은 이야기가 담긴 콘텐츠를 필수 요소로 삼는다. 데이터베이스 소비를 대표하는 게임이나, 2장에서 살펴본 아이돌 오디션 프로그램처럼 게임화된 텍스트의 경우, 창작자가 콘텐츠의 데이터베이스를 직조하면 수신자가 그것을 짜 맞추며 이야기를 직접 만들어 가는 역할을 수행한다(강신규, 2018). 하지만 팬 플랫폼의 경우, 특별한 콘텐츠가 없어도 아티스트-팬 간, 팬-팬 간 등의 커뮤니케이션을 위한 플랫폼만 정비되면 아티스트들과 팬들이 그에 참여해 활동을 펼치는 데 무리가 없다. 각 팬 플랫폼 서비스에 따라 조금씩 다르겠으나 팬들이 받아들여야 할 정보가 다른 미디어 플랫폼에 비해 상당히 적은 편이라는 것이 팬 플랫폼의 특징이다. 사전에 기획된 전문적인 콘텐츠의 창작과 수용의 비중은 적거나 없는 대신, 팬 플랫폼에서는 스타의 일상을 팬과 연결하고, 그 연결을 통해 커뮤니케이션이 이뤄진다. 그렇기에 커뮤니케이션 소비론은 팬 플랫폼을 통해 이뤄지는 것이 커뮤니케이션의 결과나 효과가 아니라 커뮤니케이션 자체임을 설명하는 데 유용한 틀을 제공해 줄 수 있다(강신규, 2022).

2. 플랫폼에 갇힌 팬덤과 그 작동 구조

1) 플랫폼에 갇힌 팬덤

아이돌 기반 엔터테인먼트 산업을 이루는 세 중요 주체인 엔터테인먼트사, 미디어, 그리고 팬덤은 때론 서로 경쟁하고 또 때론 의존하며 산업과 문화를 유지·확장시켜 왔다. 위버스가 하이브의 자회사인 위버스 컴퍼니에서, 버블이 SM엔터테인먼트의 계열사인 디어유에서 개발·운영하는 데다, 유니버스가 다양한 엔터테인먼트사와 제휴를 맺었던 것을 고려하면, 팬 플랫폼은 셋 중 엔터테인먼트사와 미디어가 결합하거나 연결되고 있음을 보여 준다. 이제 엔터테인먼트사는 팬 플랫폼을 통해 연예를 '기획'하고 '매니지먼트'하는 데 그치지 않고, 정보와 지식을 생산·유통하는 수단을 소유하고, 네트워크 환경을 적극 활용한 사업을 벌인다. 이용자가 모이는 공간을 만들고, 그 공간을 판매 가능한 요소로 채움으로써 수익을 올린다. 아티스트들이 직접 생산하거나 그들에 관련된 공식 정보와 콘텐츠를 배타적으로 소유·유통한다. 뒤에 자세히 살펴보겠지만 이용자가 공간의 이용 과정에서 남긴 데이터와 창작물을 내부 자본화해 통제·활용하기도 한다(원용진·박서연, 2021).

하지만 이는 기존 엔터테인먼트사의 사업 방식이라기보다는, 상업화된 인터넷 환경에서 미디어 플랫폼사들이 써먹어 온 사업 방식에 가깝다. 물론 이 새로운 사업 방식의 중심에는 엔터테인먼트사가 있다. 플랫폼사는 여러 사업자의 정보나 콘텐츠를 모아 제공할 뿐, 정보/콘텐츠 회사가 아니다. 유튜브가 직접 텔레비전 프로그램을 제작하는 게 아니듯, 팬 플랫폼도 직접 아티스트 정보/콘텐츠를 만들지는 않는다(Grief, 2017/2019). 그것들을 만드는 주체는 엔터테인먼트사다. 기본적으로 플랫폼사는 정보 통신 기술에 기반한다. 입점사에게는 체계적인 비즈니스 환경을, 이용자에게는 편안한 이용 환경을 마련해 주는 일이 대부분의 플랫폼사에게는 매우 중요한 가치다. 그렇다고 팬 플랫폼사를 단순히 기술만 지닌 회사라고도 보긴 어렵다. 언급했듯, 엔터테인먼트사와 소유·운영 차원에서 밀접하게 관련되는 데다, 플랫폼 자체가 엔터테인먼트 산업과 팬덤에 큰 영향을 미치며 변화를 이끌고 있기 때문이다.

플랫폼이 기술 기반 사업자라는 점은, 기술이 궁극

적으로 결합하는 대상이 정보도 콘텐츠도 아닌 '사이버 공간'이라는 점과 연결되면서 두 가지 이슈를 발생시킨다. 첫째, 사이버 공간에는 국경도 국적도 존재하지 않는다. 플랫폼은 사이버 공간에 비즈니스 영역을 두고, 공간의 제한 없이 활동 영역을 확장해 간다. 그렇게 사이버 공간과 글로벌 자본주의가 합쳐진 결과가 플랫폼이다(宇野常寬, 2018/2018). 팬플랫폼은 K팝의 수출 혹은 한류 확산 전략과 맞물려 전 세계 팬들을 끌어모으고 그 팬들의 지역 기반을 지운다. 엔터테인먼트사 차원의 공지 사항이나 아티스트의 메시지는 자동 번역돼 팬들에게 다가간다. 그 내용들은 대체로 무국적적이고 균질하다. 한국발 팬 플랫폼을 통해 전달되는 메시지지만 한국적 정체성과는 관련이 적다. 실제 아티스트가 현실 공간에 존재하기에 출연 동/영상이나 활동하는 모습이 무국적성을 띠기 어렵다면, 정보가 오가고 커뮤니케이션이 이뤄지는 가상 공간은 디지털 기술에 의해 스크린 안에 새로운 공간을 창조하는, 그야말로 마법의 영역에 속하는 것이라 할 수 있다. 물론 기술적 문제나 아티스트 본인의 사정 등으로 인해 플랫폼 내 모든 활동을 동/영상 기반으로 이뤄지게끔 만드는 일은 쉽지 않겠지만, 주된 커뮤니케이션 방식이 문자나 음성이라는 점은 팬 플랫폼이 의도가 어떻든 사이버 공간으로서의 특성을 십분 살려 글로벌 사업 전략을 펼치고 있음을 엿볼 수 있다.

둘째 보다 중요하게, 플랫폼이 만드는 사이버 공간의 한 축에 일단 고객사들이 입점하고 나면, 나머지 한 축을 채우는 주체로서 이용자가 반드시 필요하다. 팬 플랫폼도 마찬가지다. 아티스트들이 자발적이든 비자발적이든 업로드하는 문자·음성 메시지, 동/영상, 이모티콘 등은, 그것을 보려는 팬들을 끌어모은다. 얼핏 만인에게 개방된 것처럼 보이는 이 사이버 공간은, 팬의 참여가 없다면 성립 자체가 불가능하다. 팬들은 비교적 저렴한 비용으로 플랫폼이 마련한 장에 참여하지만, 이는 동시에 커뮤니케이션의 빈 한쪽을 채우면서 팬 플랫폼의 비즈니스 모델을 완성시키는 일이기도 하다. 그리고 참여에 필연적으로 동반되는 커뮤니케이션 행위는 설사 작성이 아니라 열람만 한다 하더라도 그 정도나 빈도, 내용 수준을 떠나 팬이 아닌 누군가를 위한 경제적 가치를 낳는 근간이 된다(大塚英志, 2016/2020). 플랫폼을 통해 이뤄지는 팬질 자체가 행위적 잉여 가치를 창출하는 노동이 되는 셈이다.

팬이 오히려 돈을 내면서까지 플랫폼을 위한 일을 해주는 이유는, 당연히 아티스트와의 밀접하거나 직접적인 커뮤니케이션 기회를 얻기 위해서다. 그 기회는 온라인 기반 사이버 공간이기에 가능하다. 온라인 공간은 작가라는 기존의 특권 계급만이 아니라, 만인에게 현대인의 자아와 한몸이라 할 수 있는 자기표현의 기회를 주었다. 자기표현의 민주화는, 자기표현을 무상이나 저가 노동에 의한 콘텐츠 제작으로 전환시키는 플랫폼의 성립 기반을 제공했다. 플랫폼 사업자들은 유형의 가치를 창출하는 무형 노동에 사람들을 무상/저가 노동자로 참여시키기 위해 '주체성'이나 '자기표현'을 동기 부여의 수사로 빈번하게 활용하는 전략을 구사한다 (Lazzarato, 2004/2017). 개인의 욕구가 플랫폼의 (경제적으로) 지속 가능한 생태계 형성에 복무하는 동기가 되는 셈이다. 팬은 플랫폼의 안과 밖에서 플랫폼에 의해 주체성을 갖춘 소비자로서 표현(댓/글 작성, 구매 등)할 것을 요청받는다. 설사 자신의 의견을 말하는 것이 아니라 하더라도, 언제나 플랫폼의 표현 요청(푸시 알림 등)에 반응(댓/글 열람, 이모티콘 전송, 하트 표시 등)하도록 유도당한다. 이처럼 팬 플랫폼은 팬의 욕구를 자극하고, 그 욕구를 빨아들이기 쉽도록 접근성을 높이며, 그것이 잘 드러나고 또 반응을 얻을 수 있도록 만든다.

　　팬 플랫폼은 팬들을 직접 모집하고 관리한다. 기존에도 팬 커뮤니티와 연계하거나 엔터테인먼트사가 직접 팬을 모으고 관리하긴 했지만, 여러 채널로 분산돼 있는 팬들을 일괄적·체계적으로 관리하기란 불가능에 가까웠다. 하지만 이제 팬 플랫폼(과 함께하는 엔터테인먼트사들)은 팬들을 전보다 구체적인 집단으로 상상하고, 훨씬 편리하게 관리할 수 있다. 그 근간에는 이용자 데이터의 내부 자본화가 자리한다. 기술 기반 엔터테인먼트사로서 팬 플랫폼은 이용자의 데이터를 플랫폼 구축 및 운영 전반에 활용한다. 데이터는 새로운 기술의 일부이면서 다른 기술들을 작동하게 하는 근간이다. 수많은 이용자의 다양한 데이터가 팬 플랫폼에 축적된다. 이용자 데이터는 크게 구조화된(정형) 데이터와 비구조화된(비정형) 데이터로 이뤄진다. 전자는 변하지 않는 것들, 명확하게 정의되고 검색되고 분석돼 오던 것들로, 성별·연령·지역 등을 포함한다. 후자는 상황과 맥락에 따라 변하는 것들이며, 대체로 이용을 통해 발생하는 데이터(이용시간·양·횟수·위치, 이용 습관 등)를 말한다(이광석, 2020; Welglarz, 2004). 축적된 데이터는 그 자체로는 쓸모가 없고 그 안에서 의미를 캐낼 때 쓸모가 발생한다. 팬 플랫폼도 (다른 대부분의 미디어 플랫폼처럼) 이용자들의 욕구나 경향 변화를 포착해 적절한 콘텐츠나 상품, 서비스 등을 제공·추천하기 위해 데이터를 분석한다(김상민, 2016).

엔터테인먼트사는 플랫폼과의 결합/연결을 통해 톱다운 방식의 새로운 사이버 공간을 만들고, 그 안에서 커뮤니케이션을 중심으로 팬 활동 전반을 펼치게끔 기획한다. 팬들은 그 커뮤니케이션 완성 과정에 직간접적으로 참여함에도 (금전적) 보상을 얻지 못하고, 엔터테인먼트사 또는 팬 플랫폼사는 이전에 여러 팬 커뮤니티를 통해 분산돼 있던 정보의 생산·유통 구조를 독/과점하면서 팬들을 모으고 관리할 힘을 획득한다. 아티스트와 커뮤니케이션하기 위해, 그리고 심지어 아티스트와 함께하는 곳에서 자기표현 기회를 얻기 위해 팬은 플랫폼 안에서 활동하고 커뮤니케이션하지만, 그럴수록 플랫폼에 내용물이 쌓이고 산업 자본만 수익을 올릴 뿐이다. 결국 팬 플랫폼은 새로운 엔터테인먼트 자본주의를 만드는 대표 기반이자, 앞에서는 네트워크 인프라를 통해 아티스트-팬(들), 팬-팬(들) 사이를 다면적으로 상호 중개해 그들의 욕망을 부추기면서, 뒤에서는 팬들의 활동과 비/물질 자원을 흡수해 자본 가치화하는 신종 시장 모델(이광석, 2017; 김상민, 2017. 8. 4)인 셈이다.

엔터테인먼트 자본주의의 신종 시장 모델로서 팬 플랫폼이 팬에게 영향력을 확산해 가는 과정은, 특히 기술이 영향력을 확산해 가는 자본주의 안에서 모든 종류의 사물이나 행위가 명시적으로 판매되지 않음에도 수입 창출 자원이 되는 '자산화assetization'로도 이해 가능하다. 자산화의 흐름에서 자본주의를 규정하는 것은 상품이 아니라 자산이다. 엔터테인먼트 자본주의하에서 팬들의 감정, 욕구, 표현, 데이터 또한 산업 자본의 통제와 소유를 위해 기획되고 만들어지는 자산에 다름 아니다. 자산이 기획되고 만들어진다는 사실은, 감정, 욕구, 표현, 데이터뿐 아니라 팬들이 갖고 있고 만들어 내는 무엇이든 자산으로 전환될 수 있음을 나타낸다. 전환된 자산을 기술로 구현된 특정 공간에서 사고팔 수 있지만, 핵심은 그것을 사고팖으로써 수익을 얻는 것이 아니라, 사고팔 수 없었던 것의 자산화를 매개로 경제적 차원의 임대료를 획득하는 것이다(Birch & Muniesa, 2020). 그런 점에서 엔터테인먼트 자본주의 내 자산화는 새로운 수익원으로서 팬덤 자산의 형성, 그리고 그에 대한 통제와 소유를 가능하게 하며, 그 중심에는 팬 플랫폼이 있다고 할 수 있다(강신규, 2022).

2) 팬 플랫폼의 작동 구조와 효과

엔터테인먼트 자본주의의 대표 기반이자 신종 시장 모델인 팬 플랫폼은, 자신들의 산업 내 위상과 상업적 지속성을 유지·강화하기 위해 여러 전략을 펼친다. 대표적으로, 팬 플랫폼은 팬들에게 꾸준히 정보와 콘텐츠를 제공하고, 수시로 다면적 커뮤니케이션이 일어나게 만든다. 포털 사이트의 카페, SNS, 커뮤니티 사이트 갤러리/게시판 등의 기존 팬 커뮤니티에서는, 아티스트나 기타 상황에 따라 달랐겠지만 특히 아티스트–팬 간 커뮤니케이션이 빈번히 이뤄지기 어려웠다. 다른 한편으로 공식 사이트, 트위터 등을 통해 엔터테인먼트사가 공지 사항을 전달하기는 했지만, 팬이 직접 찾아가서 확인하지 않으면 알 수 없는 경우가 많았다. 모바일 앱 기반의 팬 플랫폼은, 물론 이용자가 설정을 했다는 전제하에 새로운 공지 사항이나 콘텐츠, 댓/글 등이 있을 때마다 푸시를 통해 알려준다. 여전히 기존 커뮤니티를 통해서도 공지하는 경우가 많지만, 적어도 팬 입장에서 팬 플랫폼을 통해서라면 공지 사항이나 자체/독점 콘텐츠 등을 놓칠 일은 없게 되었다. 그리고 무엇보다, 아티스트가 남기는 댓/글이나 메시지를 언제든 받아볼 수 있다. 그런 점에서 팬 플랫폼은 팬들에게 편리함과 안도감을 제공한다.

하지만 편리함·안도감과 동시에 팬 플랫폼은 팬들에게 긴장감을 주기도 한다. 팬 플랫폼은 다양한 커뮤니케이션에 대한 푸시 알림을 통해 플랫폼 바깥 일상 속 팬을 플랫폼 안으로 불러들이고, 팬의 일상 속 빈틈을 짧은 관심으로 메운다. 기존의 팬 커뮤니티가 분절되고 단속된 시간 경험을 제공한다면, 팬 플랫폼에서는 그 경계가 모호해지거나 일상에서 팬질이 지속될 수 있다. 지인과 이야기 중 푸시 알림을 받고 세부 내용을 확인할 때까지 궁금해하거나 마음 졸이는 시간은, 실제로 플랫폼에 들어가는 행위를 하지 않는다 해도 생각 속에서 이미 플랫폼에 참여하는 것이나 다름없다. 게다가 공지 사항, 콘텐츠, 댓/글 등이 수시로 업데이트됨에도 앨범 발매, 콘서트 예약 시작과 같은 이벤트를 제외하고 그에 대한 예고는 없다. 기다리는 팬들 입장에서는 계속 관심을 갖게 될 수밖에 없다.

둘째, (특히 유니버스에서 더욱 부각되었는데) 팬들의 지속적이면서도 보다 두터운 참여를 유도하기 위해 게임적 요소를 적극 활용한다. 이용자에게 완전히 만들어진 정보나 콘텐츠를 제공하는 대신, 이용자로 하여금 마치 게임의 경우처럼 플랫폼에 직접 참여해 활동을 해나가도록 만든다. 이용자는 데이터베이스의 밭으로 이뤄진 플랫폼에서의 정보나 콘텐츠 중 일정 항목들을 끌어내 한데 엮는 일련의 과정, 즉 데이터베이스 소비를 경험하게 된다. 팬 플랫폼은 입점 아티스트부터 자체/독점 콘텐츠, 유료 서비스 등에 이르기까지 선택 가능한 다양한 항목들을 마련해 놓고 팬들로 하여금 자신의 취향이나 선호에 맞게 그것들을 선택, 조합할 수 있도록 한다.

데이터베이스 소비 자체는 사이버 공간 대부분이 공유하는 특징이기도 하다(東浩紀, 2007/2012). 데이터베이스 소비가 이뤄지는 게임적 텍스트에서 보다 명시적으로 게임적 속성을 만들고 진행시키는 방법으로 작용하는 것은 '규칙'이다(강신규, 2018). 안에서 이뤄지는 행위를 게임 플레이처럼 만들기 위해 팬 플랫폼도 규칙을 세운다. 대표적으로, 유니버스에서는 '클랩KLAP'이라는 가상 재화가 쓰였다. 클랩은 아티스트의 앨범이나 굿즈 구매, 유니버스 멤버십 구독, 패키지 상품 구매, 기타 앱 내 활동 등을 통해 모을 수 있었다. 그리고 그렇게 모인 클랩은 여러 규칙을 적용하는 기본 단위로 작용했다. '컬렉션' 기능의 경우, 입점 아티스트의 앨범이나 굿즈 등에 구성품으로 들어 있는 별도의 QR 코드를 인식시키거나, 음원 사이트 이용권 구매나 스트리밍 인증을 통해 팬덤 활동을 기록하고 보상을 획득할 수 있게 해 주었다. 클랩의 누적과 활용을 가시화해 주는 기능이었던 셈이다.

　　게임화한 텍스트에서 규칙이 게임의 성립과 방법으로 기능한다면, 그 규칙을 통해 게임이 어떤 것을 얻거나 표현하고자 할 때 '목표'가 된다. 그리고 목표를 갖는 게임엔 결과가 따른다. 그 결과가 강력한 동기 부여 기제일수록 팬들의 지속적인 플랫폼 활동과 성취감에도 영향을 크게 미칠 수밖에 없다. 팬들은 유니버스가 정한 활동을 통해 일정량의 클랩을 획득함으로써 여러 이벤트에 참여할 권한을 부여받았다. 클랩 양에 따라 참여가 결정되는 이벤트가 있는가 하면, 일정량의 클랩을 가지고 응모를 하면 되는 이벤트도 있었다. 팬 미팅의 성격을 띠는 유니버스 '팬 파티'와 '일대일 라이브 콜' 서비스의 경우, 응모권을 통해 응모한 후 당첨자에 한해서 참여 혜택이 제공됐다. 아티스트에 따라 차이가 있으나, 2021년 2월 열렸던 아이즈원 첫 팬 파티에서는 응모권 5장을 지닌 팬들을 대상으로 추첨해, 팬 파티 스트리밍 1,080명, 팬 파티+라이프 콜 120명을 당첨자로 발표한 바 있다. 유니버스에서 보다 고차원적인 활동을 펼치기 위해서는 지속적이고 반복적인 활동과 소비가 요구됐는데, 이는 게임에서 플레이어가 레벨 업하거나 스테이지를 클리어해 나가는 과정과도 유사하다.

팬질은 팬 플랫폼에서의 활동만으로 끝나지 않는다. 팬 플랫폼 바깥에서의 활동도 요구된다. 실제 팬이 해야 할 일은 너무 많고, 갈수록 늘어간다. 이제 팬덤은 그것을 팬들이 적극 활용해 내재화하든 그렇지 않든 노동적인 것이 되었다. 끊임없는 커뮤니케이션과 참여 기제를 제공하면서, 팬 플랫폼은 팬 활동을 통합하고 관리·활용한다. 하지만 그렇게 팬 플랫폼으로 팬덤이 흡수될수록, 역으로 팬들이 자발적·능동적으로 할 수 있는 일은 줄어든다. 팬 플랫폼은 팬들로 하여금 정보를 연결하고, 자원을 모으고, 자신이 해독한 내용을 다른 사람들에게 전달하고, 창의적인 표현을 유통시키기 어렵게끔 만든다. 팬들의 자율성과 활동성이 제한된다는 것은, 이제 자생적이고 생산적인 팬덤의 지속이 불가능해지고 (팬 주도가 아니라) 엔터테인먼트사 주도로 팬덤이 재편됨을 의미한다. 그 중심에 팬 플랫폼이 있음엔 틀림없지만, 그렇게 재편된 구도는 엔터테인먼트 산업과 팬덤 전반에까지 영향을 미친다. 아티스트의 콘셉트 형성이나 앨범, 뮤직비디오 등의 활동 과정에도 팬이 틈입할 여지가 줄어감은 물론이다.

　　그 연장선상에서 생산자로서 팬의 입지도 줄어들고 있다. 팬이 만든 2차 창작물, 즉 아이돌/콘텐츠에 기반한 부가 콘텐츠(사진, 직캠, 팬픽션, 팬아트 등)나 굿즈는 엔터테인먼트 산업과 팬덤에서 크고 가시적인 위상을 차지해 왔다. 온라인과 디지털 기술의 발달은 많은 팬으로 하여금 보다 쉽게 2차 창작을 할 수 있게끔 도왔다. 물론 2차 창작물이 지적재산권이나 내용의 선정성 등과 같은 이슈를 야기하는 측면이 없지 않았지만, 팬덤 내부는 물론이고 산업 자본 역시도 그에 아주 노골적으로 개입하지 않고 오히려 인정을 해 왔던 터다. 엔터테인먼트사나 산업 자본에게 도움이 되는 부분이 있기 때문이기도 했다.

그러나 특히 팬에 의해 생산되던 굿즈의 대부분은 이제 '비공굿'[34]으로 불리며 거래된다. 비공굿은 그 이름에 드러나듯 떳떳한 상품이 아니다. 정도의 차이는 있지만 대체로 특별한 날(예를 들어 아티스트의 생일)에 비영리나 수익 전액 기부를 목적으로 판매할 때나 정당성을 획득한다. 승인 주체는 팬 커뮤니티까지 집어삼킨 엔터테인먼트사다. 아티스트의 수익과 권리, 자사의 지적재산권 등이 맞닿아 있다는 명목으로 엔터테인먼트사는 그것이 팬에 의해 만들어지고 유통되는 것임에도 굿즈에 정당성의 잣대를 들이댄다(장지현, 2022). 홈마[35]들의 영역도 줄었다. 홈마들이 콘서트에 가서 찍

---

34 비공식 굿즈를 말한다. 팬의 직접 창작물부터 아티스트의 이름, 초상권 등을 무단 도용한 굿즈까지를 포함한다.

35 '홈페이지 마스터'의 줄임말로, 아이돌들의 사진이나 동영상을 찍는 사람들을 말한다. SNS가 활성화되기 전 직접 만든 홈페이지를

은 사진을 파는 것도 막는 엔터테인먼트사들이 늘고 있다. 엔터테인먼트사들이 직접 홈마처럼 찍은 사진들을 팬 플랫폼을 통해 유통하기도 한다.

이렇듯 엔터테인먼트사가 공식적으로 유통·판매하는 굿즈 시장이 팬 플랫폼을 중심으로 계속 팽창하는 반면, 엔터테인먼트사의 승인 없는 2차 창작 영역은 갈수록 쪼그라들고 있다. 직접 텍스트를 만들고 그것을 온라인상에 공유하는 식의 수행이 팬으로서의 정체성 구성·확장에 지대한 영향을 미치는 요소(Hills, 2002)임을 감안하면, 엔터테인먼트사와 팬 플랫폼의 기조는 기존의 팬덤이 갖는 본질적 속성에까지 변화를 야기할 수 있다. 이제 팬의 생산은 엔터테인먼트사와 팬 플랫폼을 고려하지 않고는 이뤄지기 어렵다. 생산자로서의 팬은, 2차 창작자에서 플랫폼 내 유형의 가치 창출을 위해 무형 노동을 제공하는 무상/저가 노동자로 격하된다. 팬 플랫폼은 팬의 2차 창작을 줄여나가고, 거기에 포함돼 있던 콘텐츠나 굿즈를 직접 유통한다. 대신 팬 플랫폼 안에서 팬들의 데이터와 활동을 자산화하고, 팬들 커뮤니케이션의 일부와 팬들이 직접 만든 콘텐츠를 2차적으로

중심으로 활동했기 때문에 홈페이지 마스터라 불렸고, 그 호칭이 지금까지 이어지고 있다.

상품화한다.

이상에서 팬 플랫폼이 어떤 맥락에서 어떻게 형성됐는지, 어떤 메커니즘에 의해 작동하며 그로 인한 효과가 무엇인지를 살펴보았다. 팬 플랫폼은 (다른 플랫폼과 유사하게) 생산자와 소비자 사이를 매개하는 양면의 사업 구조를 지닌다. 한 면을 채우는 엔터테인먼트사가 있다면, 다른 한 면을 채우고 즐기는 사람들이 있어야 플랫폼이 사업을 지속해 갈 수 있다. 이는 팬 플랫폼이 커뮤니케이션을 중심으로 팬 활동을 펼치게끔 기획된 것과도 무관하지 않다. 게다가 모든 텍스트란 수용을 전제로 삼으며, 텍스트가 어떻게든 의미를 만들어 내기 위해서는 수용자들의 참여가 반드시 요구된다. 팬 플랫폼을 매개로 만들어지는 새로운 팬덤이 생산자와 소비자(엔터테인먼트사/아티스트-팬)뿐 아니라 소비자와 소비자(팬-팬)의 상호 만남까지도 전제로 함은 물론이다. 수용을 빼놓고 콘/텍스트에 대한 논의만으로 팬 플랫폼 기반 팬덤 논의를 오롯이 할 수 없는 이유다(강신규, 2022).

3. 팬 플랫폼과 함께 살아가는 팬들,
   그리고 그들의 인지/감각

1) 아이돌/콘텐츠 소비에서 아이돌과의 커뮤니케이션
   소비로

아이돌이 꼭 노래를 잘 부른다거나 춤을 잘 춘다거나 연기
가 능숙하거나 하지는 않다. 노래·춤·연기 중 일부나 전부
에 능숙하다 해도, 그중 하나만을 집중적으로 파고드는 사
람들(가수·댄서·배우)에 비해 능숙하지는 못한 경우가 대부분
이다. 그리고 아이돌이 그것들에 꼭 능숙해야 하는 것도 아
니다. 오히려 그 부족한 부분이 팬들에게 심적으로 채울 여
지를 주기도 한다. 팬은 자신이 좋아하는 아이돌의 성장 과
정을 공유하고, 존재 자체를 응원한다. 완성된 기예를 즐기
는 것이 아니라 미숙한 모습으로 재현되는 인간의 성장을 지
켜보거나(宇野常寛, 2018/2018), 여타 실력이나 인간적 차원의 빈
곳을 메우려는 것이 아이돌 팬덤이다. 그래서 기존에는 텔레
비전과 같은 매스 미디어를 통해 '무대 뒤'를 의도적으로 비
춰 주는 경우가 많았다. 무대 앞에서 꾸며진 모습을 보여 준
다면, 뒤에서는 오디션 과정부터 일상의 면면들, 그리고 집
안 사정에 이르기까지 개인적 이야기를 펼쳐놓았다. 기본적
으로는 닫혀 있지만, 팬심이 채울 공간을 마련하기 위해 무

대 뒤를 살짝 열어젖히는 것이 매스 미디어의 방식이었다. 말하자면 작은 이야기들을 통해 큰 이야기를 상상하게 만들고 완성해 나가는, 이야기 소비를 자아내는 식이었다.

하지만 그 '무대 뒤'는 팬 플랫폼을 통해 전면에 배치된다. 자체/독점 콘텐츠, 멤버십 온리 콘텐츠, 댓/글, 프라이빗 메시지 등을 만들고 유통하는 데 있어 빈번하게 활용되는 것이 무대 뒤의 모습들이다. 기존의 서비스가 존재하는 상황에서 새로운 서비스에 담을 콘텐츠로 일상과 개인적 이야기만 한 것도 없다. 새로운 서비스가 대부분 커뮤니케이션을 중심으로 하는 것들이기 때문에 더욱 그렇다. 양방향의 직접적이거나(프라이빗 메시지처럼) 직접적인 것과 유사한(프라이빗 콜에서처럼) 커뮤니케이션을 전제하는 서비스에서 한쪽을 아티스트가 참여한다면, 다른 한쪽은 팬들이 참여할 수밖에 없다. 애초에 팬 플랫폼에서는 심적 차원의 빈자리가 아니라, 팬들의 존재에 의해 채워지는 빈자리를 마련해 놓는 것이다.

이렇게 마련된 곳에서는 '여러' 이야기가 '빈번하게' 오가는 것이 중요하다. 공식적인 이야기만 하기는 어렵다. 직접적인 (것과 유사한) 소통 공간에서는 전문적인 지식이나 글솜씨가 없어도, 센스가 넘치거나 유머러스하지 않아도, 단지 보이거나 보여 주고자 하는 의지가 있으면 된다. 그렇기에 비공식적인 이야기가 자연스럽게 동원된다. 팬 플랫폼을 통해 제공되는 아이돌의 비공식적인 이야기들은 훨씬 자잘하다.

아이돌 실제 삶의 대부분을 차지함에도 사소하다고 여겨져 기억에도 거의 남아 있지 못한 작은 일들은, 주로 상업적 기준에 따라 소재를 추출·선별·가공하는 기존의 주류 미디어 영역에서는 당연하게 소외돼 왔다. 하지만 그 소외된 평범한 것들이 팬 플랫폼을 통해 팬들에게 제공되고, 특별하게 다가간다. 팬들은 그간 경험하지 못했던 아이돌의 일상을 팬 플랫폼을 통해 엿본다. 형식과 내용 차원 모두에서 무대 뒤의 전면화가 일어나는 셈이다.

팬 플랫폼을 통해 아이돌은 항상 팬 곁에 함께한다. 팬들 역시 그들 활동에 여러 형태로 참여가 가능하다. 팬 플랫폼에서의 아이돌은 내가 만나러 가는 저기 먼 곳의 아이돌이 아니라, 여기 내 곁에 있는 아이돌, 나를 위해 말을 걸어오는 아이돌, 내가 말을 건넬 수 있는 아이돌이 된다. 네트워크 기술 고도화, 스마트폰의 보편화·고성능화, 동/영상형 소셜 미디어 서비스의 발달 등으로 문자도 음성도 영상도 언제나 어디서나 편하게 감상할 수 있는 것이 되는 상황에서, 가치를 갖게 되는 것은 물적인 무언가가 아니라 바로 '체험'이다. 그리고 체험 중에서도 가장 강한 것이 '커뮤니케이션'이다. 그런 점에서 아이돌은, 팬과 직접 커뮤니케이션하고 팬에게 감동을 주는 체험을 통해 팬의 인생에 긍정적으로 기여할 가능성을 갖는다. 아이돌은 커뮤니케이션과 보람이 결합된 것을 파는 일종의 시스템이고, 감동 체험을 북돋기 위한 일종의 다리로서 팬 플랫폼이 사용된다(宇野常寛, 2018/2018). 그렇게 팬 플랫폼을 통해 아이돌/콘텐츠에서 커뮤니케이션으로 아이돌 소비의 중심이 이동한다.

커뮤니케이션이 본격적으로 사고팔 수 있는 것이 되면서, 엔터테인먼트사−아티스트와 팬 모두에게 커뮤니케이션을 '관리'하는 일이 중요해진다. 가장 기본이 되는 것은 빈번하거나 정기적인 커뮤니케이션인데, 이는 팬보다 특히 아티스트에게 (다소 느슨하지만) 의무로 부과된다. 쌍방향 커뮤니케이션 공간에서는 어느 한쪽이 없으면 메시지와 의미 전달이 이뤄지지 않는 것이 당연하다. 하지만 팬은 다수고 아티스트는 개인이다. 빈번하거나 정기적인 커뮤니케이션이 성립하기 위해서는 확실히 아티스트가 신경 써야 할 부분들이 많다. 아티스트와의 커뮤니케이션을 위해 정기적으로 돈을 지불하는 팬들은, 그에 상응하는 커뮤니케이션이 돌아오길 원한다. 그렇지 않은 경우는 아티스트를 원망하거나, 더 자주 커뮤니케이션하려는 다른 아티스트들과 비교하거나, 심지어 탈덕[36]을 고민/하기도 한다.

36   덕질을 벗어나는 행위. 자신이 좋아하는 스타나 문화 장르, 텍스트 등으로부터 관심을 끊는 것을 말한다. '입덕(덕질을 시작하는 것)'의 반대말이다.

이 새로운 비즈니스 메커니즘을 이해하는 많은 아티스트는 (빈도뿐 아니라) 형식과 내용 차원에서도 적극적인 서비스를 제공함으로써 '돈값'을 하고자 한다. 무대 뒤 자신의 모습을 더 많이 빈번하게 동원하고, 그 과정에 정성을 다 하여 팬들의 감동을 자아내겠다는 것이다. 하지만 팬들이 낸 돈이 아깝지 않을 만큼 서비스해 주겠다는 아티스트들의 자세가 팬들에게 항상 감동과 즐거움을 줄지는 미지수다. 때로는, 혹은 어떤 팬들에게는 당혹감을 줄 수도 있다. 프라이빗 메시지가 구독 서비스가 아니었다면 애초에 아티스트와 팬이 소통하는 과정에서 그런 생각들을 하지 않았을 수도 있다. 이제는 프라이빗 메시지가 일상에서 빈번하게 사용되고, 그로 인해 아티스트를 친구 같다고 느끼는 효과도 분명 있겠지만, 팬들은 당황스러움도 자주 느끼게 된다.

바로 이 지점에서 모순적 상황이 발생한다. 팬들이 돈을 쓰는 것은 자신이 좋아하는 아티스트와 커뮤니케이션하기 위해서다. 소망하는 커뮤니케이션의 상像은 팬들마다 각기 다르겠지만, 단순히 커뮤니케이션의 유무만이 중요한 것은 아닐 터다. 애초에 커뮤니케이션이 성립하지 않으면 팬들이 돈을 쓸 이유 자체가 사라지기는 한다. 하지만 아티스트들이 보다 꾸준히 적극적으로 커뮤니케이션에 참여해 돈값을 하길 원하는 것은 또 다른 문제다. 중요한 것은, 팬들이 커뮤니케이션의 내용보다 그 자체 그리고 거기서 비롯되는 리얼한 체험에 초점을 맞춘다는 사실이다. 팬 플랫폼에서 팬들의 관심은 아티스트의 이야기에 감정이입하는 것이 아니라, 물론 아티스트와의 관계 속에서지만 자신이 주역인 커뮤니케이션 경험을 체험하는 쪽으로 옮겨가고 있다(宇野常寬, 2018/2018).

2) 아티스트 – 팬 간 커뮤니케이션의 변화: 가짜 커뮤니케이션과 수동적 팬덤

아티스트와 가까워진다는 느낌

아무리 '프라이빗' 메시지나 콜이라 부르는 서비스라 해도, 실제로는 아티스트가 자신만이 아니라 수많은 팬에게 동일한 메시지를 보낸다는 사실을 팬들은 충분히 알고 있다. 하지만 팬 플랫폼은 그 뻔한 사실을 숨기기 위해, 마치 아티스트와 팬이 일대일로 사적인 메시지를 주고받는 듯한 느낌을 주는 인터페이스를 제공한다. 폐쇄형 소셜 네트워크 서비스와 유사한 메시지 환경에서 팬은 다른 팬들의 메시지를 볼 수 없다. 물론 어떤 아티스트들이 때로 제공하는 친밀한 메시지는 팬들의 요구에 부합하기도 한다. 그리고 그러한 과정을 통해 형성되는 가상의 친밀감이 팬들로 하여금 팬 플랫폼을 지속적으로 사용하게 만드는 동기가 되기도 한다(Stitch, 2021. 7. 31). 때로는 관찰자처럼, 때로는 참여자처럼 팬들은 아티스트가 건네는 이야기에 응한다.

　　프라이빗 메시지/콜 서비스가 아니라 해서 친밀한 커뮤니케이션을 하는 느낌을 주지 않는 것은 아니다. 다만 차이는 존재한다. 위버스나 (프라이빗 메시지/콜을 제외한) 유니버스에서는, 아티스트와 팬 쌍방이 댓/글을 쓰고 읽는 것이 가능하다. 아티스트가 댓/글을 쓰거나 자신의 글에 다른 팬들이 반응을 하면 푸시 알람이 온다. 위버스나 (프라이빗 메시지/콜을 제외한) 유니버스에서는 많은 글이 섞여 아티스트가 어떤 글을 썼는지 다시 찾기 어렵다. 하지만 버블, 위버스, 유니버스의 프라이빗 메시지/콜 서비스에는 폐쇄형 소셜 네트워크 서비스에서처럼 아티스트나 자신이 쓴 메시지가 모여 있어 아티스트가 쓴 내용을 비교적 쉽게 확인 가능하다. 프라이빗 메시지/콜이나 댓/글 모두 기존 팬 커뮤니티에 비해 즉각적이면서 빈번하게 이뤄질 수 있도록 설계돼 있다. 그러한 설계가 아티스트나 팬 모두에게 훨씬 친근감 있는 메시지를 전달할 수 있도록 하고, 서로가 가까워지는 듯한 느낌을 줌은 물론이다(강신규, 2022).

'가짜 커뮤니케이션'과 '상상의 관계'

아이돌의 인기는 원래 '손이 닿을 것 같으면서도 닿지 않는 존재'에 대한 가상적인 욕망으로 유지돼 왔다. 하지만 팬 플랫폼을 통해 아이돌은 '손이 닿지만 실은 닿지 않는 존재'가

된다. 아이돌이 물리적 세계에서 실제로 팬과 함께 있는 것은 아니며, 팬 플랫폼을 통한 커뮤니케이션이 본래는 실재하지 않는 곳에서 서로에 접근하는 행위이기에, 작은 이야기를 나누고 상대의 존재를 느낄 수는 있어도 결코 그 실체에는 도달할 수 없다. 사적으로 대화하는 것 같은 인터페이스 환경이 조성되지만, 실제 둘이 사적으로 친해지지는 않는다. 누구도 그 사실을 모르거나 부정하지 않는다. 대신 팬들은 그 결손을 메우기 위해 상상의 나래를 펴고, 대상과 관련된 사적 경험의 주인공이 되고자 한다(四方田犬彦, 2006/2013). 그 과정에서 중요한 것은, 팬 플랫폼을 통해 아이돌을 가상으로나마 '만나고,' 그들과의 소통에 '직접' 관여한다는 느낌 혹은 환상이다. 팬 플랫폼에서의 커뮤니케이션이 의미를 갖는다면 그 이유는, 존재하지 않지만 현실의 가능성을 어느 정도 만족시켜 주는 허구로서의 기능을 하기 때문이다.

팬 플랫폼을 통해 이뤄지는 커뮤니케이션은 말처럼 '프라이빗'하지도 않고, 진짜 커뮤니케이션도 아니다. 팬들이 생각하는 진짜 커뮤니케이션이 명확하게 무엇이라 단정할 수 없음은 앞서도 언급했지만, 틀림없는 것은 이 커뮤니케이션을 통해 참여 주체들이 서로를 깊이 알게 되지는 못한다는 점이다. 어떤 커뮤니케이션이 이뤄지느냐에 따라 팬들이 아티스트를 얕게 혹은 깊이 알게 될 수는 있다. 하지만 그 역은 성립하기 어렵다. 아무리 소통한다고 해도 아티스트는 팬들이 자신에 대해 아는 것만큼 팬에 대해서는 모를 수밖에 없다. 팬이라는 존재가 하나의 다분히 추상적인 집단으로 아티스트에게 다가가기 때문이다. 그런 상황에서 빈번한 커뮤니케이션이 팬들을 보다 구체적인 모습으로 상상하는 데 도움을 줄 리 만무하다. 또 프라이빗 메시지 인터페이스가 폐쇄형 소셜 네트워크 서비스의 그것과 닮아 있다는 점 역시, 아티스트-팬 간 커뮤니케이션이 길고 진지한 메시지보다는 짧고 간단하며 휘발되기 쉬운 메시지를 주고받는 데 유리하도록 설계되어 있음을 나타낸다.

　　포털 사이트의 카페에서는 달랐다. 카페가 팬 활동의 주된 축이었을 때는 아티스트가 카페 접속 중인 멤버들을 대상으로 실시간 채팅을 하기도 했다. 카페에서 아티스트와 채팅한다는 것은, 팬에게 너무나 특별한 일이다. 아티스트 역시 카페의 실시간 채팅을 통해 소수의 팬들에게 훨씬 편하게 말할 기회를 얻는다. 그 밖에 카페에서는 아티스트들이 편지 형식으로 글을 쓰는 경우가 많았다. 편지는 읽는 이에게 간단한 글보다는 더 진솔한 느낌을 줄 확률이 높다. 반면 위버스의 글들은 가볍고, 다른 한편으로 트위터는 팩트에 기반한 글이나 동/영상을 올리는 곳에 가깝다. 카페가 팬 플랫폼으로 대체되는 듯 보여도, 아티스트든 팬이든 카페 안에서만 얻을 수 있는 경험들이 존재했다. 그리고 그 안에서 아티스트는 팬들을 좀 더 구체적인 존재로 상상할 수 있었다.

진짜 서로 깊이 이해하고 의미가 오가고 진솔하게 이뤄지는 커뮤니케이션이 아니라 해서 거짓된 커뮤니케이션이라고는 볼 수 없다. 그리고 그것이 어떤 의미도 갖지 못하는 것 또한 아니다. 팬 플랫폼이 매개하는 커뮤니케이션이 본질적으로 진짜가 아닐 수는 있지만, 그 과정에서 오가는 감정이나 메시지 내용들은 얼마든지 진심이고 진실일 수 있다. 엔터테인먼트사-아티스트와 팬 모두가 커뮤니케이션을 '관리'한다 해도, 비즈니스 마인드로만 서로를 대하지 않음은 물론이다. 그럴 경우에는 진짜/가짜 여부를 떠나 커뮤니케이션 자체가 성립하기 어렵다. 그리고 진짜 커뮤니케이션은 아니라 해도, 기존의 팬 커뮤니티에 비해 훨씬 더 직접적이거나 기존에 없던 방식으로 커뮤니케이션을 할 수 있게 되었음엔 틀림없다. 공식적인 정보에 비공식적인 정보까지 더함으로써 좋아하는 아티스트를 좀 더 종합적이고 입체적인 모습으로 바라보게 되는 측면도 없지 않다.

진짜 커뮤니케이션을 할 수 없는 상황에서, 팬들도 자신들의 활동이 현실의 가능성을 일부 충족시켜 주는 허구에 불과함을 안다. 그렇기에 팬들은 점점 더 아티스트-팬 간 커뮤니케이션에 근거한 '상상의 관계'에 의존하게 된다. 예를 들어, 아티스트에게 호명되고 보여지길 원하는 자신의 모습 혹은 그 반대를 커뮤니케이션에 투영하는 것이 대표적이다. 버블에서 팬이 설정해 놓은 닉네임에 맞춰 아티스트로부터 메시지가 온다고 하면, 팬은 아티스트에 따라 남성 아티스트에게는 누나(형), 여성 아티스트에게는 언니(오빠)로 호명되게끔 할 수 있다. 그 밖에 일대다 커뮤니케이션에서 아티스트가 자신의 글에 반응함으로써 잠깐이고 제한적이나마 일대일 커뮤니케이션으로의 전환 기회를 얻을 수 있지 않을까 기대하는 일도, 아티스트와의 커뮤니케이션에서 연애감을 느끼는 일도 가능하다. 하지만 이런 사례에서 팬들의 체험을 지배하는 것은 날것 그대로의 현실이 아니다. '리얼함'이다. 정확히 말하자면 현실을 담보하지 않는 리얼함이다. 이는 허구 내부에서만 자율적인 듯한 리얼함이기도 하다(齊藤環, 2014/2021). 현실의 모방도가 아니라 팬 플랫폼이 제공하는, 커뮤니케이션을 매개로 한 상상을 통해 만들어지는 허구로서의 리얼리티다(강신규, 2022).

편리하지만 수동적인 팬덤으로

생산자로서 팬의 역할이 줄어들고 진짜 커뮤니케이션이 이뤄지지도 않는 상황에서 팬들이 팬 플랫폼에 익숙해진다는 것은, 팬 활동이 수동적으로 변해 감을 의미한다. 물론 모든 팬 활동이 능동적인 것은 아니다. 그렇다 해도 특히 팬덤 연구나 적극적인 팬들이 주목해 온 팬 활동이란, 좋아하는 대상을 경유해 삶의 경험을 찾고 드러내는 일이었다. 현실을 변화시키기 위해 노력하는 창의적인 일이었다(고길섶, 1998; 김영찬·이기형, 2003). 불편함을 감수하고라도 즐거움을 향해 행동하는 일에 가까웠다(강신규·이준형, 2019). 팬 활동은 팬이 되기 전에는 넘지 못했던 선을 넘는 일이다. 팬이 선을 넘으려 하는 것은, 선 너머에 즐거움이 있기 때문이다. 그 즐거움은 팬 활동의 자유성과 비경제성에서 비롯된다. 자발적이면서, 어떤 대가도 요하지 않기에 팬들은 팬 활동 과정에서 충족감을 느낄 수 있는 것이다.

하지만 이제 팬들은 선을 넘으려 하지 않는다. 팬질에서 '가성비(가격 대비 성능)'나 '가심비(가격 대비 만족)'를 찾는다. 커뮤니케이션하러 오지 않는 아티스트에게 돈값을 하라 하고, 플랫폼에서 목표를 달성할 때까지만 활동을 한다. 정작 구독을 해놓긴 했지만 아티스트 메시지를 진심으로 기다리는 것도 아니다. 그런데 돈은 더 쓴다. 앱에 플랫폼이 들어가니 결제 수단 등록만 해놓으면, 돈을 쓰기도 편하다. 팬이 온라인상에서 밥풀을 팔지 않아도, 아티스트(들)을 위한 무언가를 열심히 만들지 않아도, 팬 플랫폼이 모든 것을 알아서 가져다준다. 그 편안함이 팬들을 선 안에 머물게 한다. 마음에 빈 곳을 만들고 그것을 채우기 위해 활동하는 일을 줄인다. 구독하고 있다는 사실 자체가 중요해지기도 한다. 그렇기에 팬 플랫폼에서의 팬 활동은 마음을 끄는 유쾌한 즐거움이라는 성질을 잃을 가능성이 있다. 그리고 그 결과를 가격과 연결 짓는 순간, 그것은 더 이상 즐거운 무언가가 아니게 된다.

그러다 보니 찐팬이 아니면서 팬 플랫폼에서 특정 아티스트를 구독하는 경우도 생긴다. 물론 나중에 진짜 팬이 될 수도 있을 터다. 하지만 과거 특정 아티스트의 팬이 된 후 팬 커뮤니티에 가입하고 팬 활동을 펼치는 과정과는 확실히 구분된다. 팬이 결국 안 될 경우는, 마치 이용자들이 유튜버 채널 구독하듯 재미있는 프라이빗 메시지/콜을 보내는 아티스트를 구독하는 것과 유사한 상황이라고도 하겠다. 결과적으로 구독자를 늘림으로써 확실하게 아티스트에게 수익을 안겨줄 수 있겠지만, 팬을 확장해 나가는 것이라고는 보기 어렵다. 이는 앞서 살펴봤듯, 엔터테인먼트사-아티스트가 커뮤니케이션을 관리한 결과이기도 하다. 과거 팬 커뮤니티 중심의 팬덤에서는 떠올리기 어려운 독특한 경우지만, 팬 플랫폼 이후 팬과 팬이 아닌 존재 사이의 간격이 좀 더 세분화되는 것으로도 해석 가능하다(강신규, 2022).

3) 팬-팬 간 커뮤니케이션의 변화:
느슨한 연결과 저항의 불/가능성

팬 커뮤니티는 말 그대로 좋아하는 대상을 공유하는 집단이기 때문에, 한곳에 모여 있지 않고 서로를 모르는 상황에서도 그에 속한 사람들에게 소속감을 제공(Jenkins, 1992)하는 것으로 여겨져 왔다. 팬들은 다양한 미디어와 이벤트 참여, 여타의 팬 활동 경험을 통해 공동체의 유대감을 발전시켜 나가는 속성을 갖는다. 따라서 팬들끼리의 커뮤니케이션은 이미 그들이 가지고 있는 공동체에 관한 소속감을 전제로 해서 이루어지는 것이 일반적이었다. 소속감은 실제로 공유한 경험에서 비롯되는 것이 아니라, 공통의 경험에 대한 기대에서 만들어졌다(Cavicchi, 1998). 그렇게 팬들은 자신들이 특정한 가치를 공유한다고 가정 혹은 전제하고, 스스로를 집단적인 개체로 인식하는 존재였다. 소속감과 유대감에 기반해 활동하고, 특정 상황에서는 좋아하는 대상이나 그 대상이 속한 회사, 그리고 미디어나 사회 등에 자신들의 목소리를 내는 조직력을 보여 주기도 했다.

　　하지만 팬 플랫폼에서 팬질하며 살아가는 팬들에게서는 그러한 소속감, 유대감, 조직력을 찾기 어렵다. 그 이유는 다음과 같다. 첫째, 팬 플랫폼은 매우 개방적이다. 기존 포털 카페 중심의 아이돌 팬 커뮤니티는 기본적으로 폐쇄적인 속성을 지녔다. 대체로 가입 절차도 까다롭고, 활동을 하는 데까지도 여러 조건이 따라붙었다. 가입자가 대체로 한국인이기도 했다. 반면, 팬 플랫폼은 누구나 쉽게 가입할 수 있다. 적어도 팬 플랫폼에서 팬이 되기 위한 조건은 거의 없는 것처럼 보인다. 찐팬 입장에서는 뜨내기들이 유입되기 좋은 환경이다. 둘째, 팬 플랫폼에는 활동을 위한 엄격한 규칙이 자리하지 않는다. 물론 지속적·반복적인 활동과 소비를 위한 기제로서의 규칙은 존재한다. 기존 팬 커뮤니티에서는 활동할 자격을 획득한 후에도 팬들이 스스로 정한 규칙에 의해 활동이 크게 제한되는 경우가 대부분이었다. 규칙을 어길 시 부과되는 벌칙 또한 존재했다. 관리를 위해 팬 사이에 계층을 두기도 했다. 그래서인지 아티스트도 팬도 글을 좀더 정성스럽게 쓰고, '우리끼리'라는 분위기도 강하게 형성했다. 셋째, 무엇보다 팬 플랫폼에서는 팬들 간 의견을 모으고 서로를 관리하는 식의 커뮤니케이션이 일어날 여지 자체가 많이 없다. 가벼운 내용 위주로 주고받거나(댓/글 등), 아예 다른 팬의 메시지를 볼 수 없게(대표적으로, 프라이빗 메시지) 설계해 두었다.

그 결과 또는 효과로 팬들 간 커뮤니케이션은 약화됐다. 좋고 나쁨의 문제로 볼 수는 없으나, 분명한 점은 팬 플랫폼이 똘똘 뭉쳐 있던 단일 공동체로서의 팬덤을 흩뿌리는 데 아주 크게 기여했다는 사실이다. 기존 팬 그룹 안에 임원들이 있고, 지역마다 책임자가 존재해 조직적으로 소통이 이뤄진 감이 있다면, 이제는 SNS나 팬 플랫폼에서 만나 알음알음 소통하는 수준의 친목 정도가 남았다. 대부분의 아이돌이 (솔로가 아닌) 그룹인 상황에서, 이전에 팽배해 있던 올팬 기조 역시 멤버 단위의 구독을 주된 특징으로 삼는 팬 플랫폼에 의해 희미해진다. 팬 플랫폼에서는 오히려 〈프로듀스〉 시리즈 이후 부각된 원픽 또는 최애[37] 기조가 더욱 지지받게 된다.

커뮤니케이션할 기회가 줄긴 했지만, 그렇다고 팬들 사이의 유대가 완전히 사라졌다고는 볼 수 없다. 오프라인상에서도 알고 지내는 사이끼리는 전과 같은 깊이 있는 커뮤니케이션이 얼마든지 일어날 수 있고, 여전히 강력한 유대감을 보여 줄 수도 있다. 하지만 대개는 느슨하게 연결된 상태에서 팬질을 함께한다. 혼자 혹은 소수로 팬질을 하다가, 필요할 때 뜻이 맞는 다른 팬들과 온오프라인상에서 잠깐 모여 공동의 팬 활동을 펼치고, 그중 일부와 이후에 연락을 하거나 하지 않다가, 다시 혼자 팬질을 하는 식이다. 복수의 팬이 잠깐 만나는 대표 사례로 '온리전only展'이 있다. 말 그대로 다른 멤버들이 아니라 오직 해당 멤버에 관련된 행사를 팬들이 마치 팝업 스토어처럼 임시로 여는 것을 말한다. 이 경우도 팬끼리 소통이 활발하게 이뤄진다기보다는 소수의 팬에 의해 온리전이 조직되고 다른 팬들이 그에 방문하는 식에 가깝다. 또, 팬과 팬이 만나는 것은 아니지만, 좋아하는 아티스트/콘텐츠를 지인이나 불특정 다수에게 홍보하고 영업함

---

37   가장 사랑하는 멤버에게 덕심을 올인하는 것이다.

으로써 팬 간 커뮤니케이션이 일어나기도 한다.

하지만 이러한 일시적인 마주침을 연대라 할 수 있을지는 명확치 않다. 대신 '연결감'이라고 부르는 일은 가능할 듯하다. 연결감은 흔히 다른 사람이나 집단, 사회 등과 연결돼 있는 듯한 느낌을 의미한다. 나와 남을 구분하고 배제하는 타자화와 대척점에 있는 개념인 셈이다. 다른 팬들과 (꼭 가깝다고는 할 수 없어도) 연결되어 있다는 일종의 정서적 소속감이 연결감이다. 하지만 팬 플랫폼 이후 팬 사이가 연결돼 있다는 느낌은, 정서적인 연결이라기보다는 단순 '관계'로서의 연결에 가깝다. 연결이 돼 있는 듯한 느낌이 든다는 말은 곧, 둘 사이가 연결돼 있지 않음을 의미한다. 연결되지 않은 채 연결을 느끼는 (데 그치는) 상태, 들락날락하기 쉽고, 귀찮다고 생각하면 상대방을 바로 지우거나 숨길 수 있는 관계 말이다. 팬들은 이제 자신만의 방식으로 팬질을 하지만, 그에 대한 반응을 적극적으로 드러내거나 커뮤니케이션하지는 않는다. 가끔 다른 팬이나 그가 만든 콘텐츠에 대한 관심이 호기심으로 연결되기도 하지만, 취향의 공동체로서 갖게 되는 흥미일 뿐 그 사람이 지닌 본질적인 부분에 대한 것은 아니다. 일견 연결을 만드는 듯하지만, 고여 있거나 심지어는 휘발되는 연결에 그칠 뿐이다(강신규, 2020a).

팬들 간 커뮤니케이션의 약화와 유대의 형질 변화로 인해, 이제 팬들은 자신들의 목소리, 아래로부터의 목소리를 내기 어렵게 되었다. 이는 평상시뿐 아니라 불합리한 상황에 서조차도 팬들로 하여금 구성원 간 유대와 조직화된 공동체를 떠올릴 수 없도록 만든다. 남는 것은 독점 콘텐츠를 받아 볼지 말지, 계속 가격이 오르는 콘서트 티켓이나 굿즈를 살지 말지, 이 아티스트(들)을 계속 좋아할지 말지, 팬질을 계속할지 말지와 같은 고민들에 대한 개인의 선택뿐이다. 자기가 좋아하는 대상을 통해 삶의 경험을 표현하고, 일상에서 상징적 창조성을 실행하거나 현실을 변화시키기 위해 노력하는 적극적이고 생산적인 존재를, 적어도 지금의 팬 플랫폼 안에서는 찾기 어렵다. 팬들이 스스로 만들고 관리하고 유지하고 확장해 왔던 팬덤의 주된 무대를, 산업 자본에 의한 팬 플랫폼이 가져간 결과다.

팬 플랫폼은 얼핏 팬 활동을 편리하게 만들고 팬덤을 둘러싼 커뮤니케이션을 활성화하는 듯 보인다. 실상은 팬 플랫폼이 톱다운 방식의 장을 펼쳐놓으면, 아티스트와 팬들이 그 안에서 욕구와 행위를 토대로 움직이는 것일 뿐이다 (Steyerl et al., 2017). 물론 팬 플랫폼은 누구나 언제든 진입할 수 있는 곳인 만큼, 그곳에서 나가는 것도 어렵지 않다. 하지만 팬 플랫폼의 영향력이 점증하면서 갈수록 그 바깥의 팬 활동을 상상하기는 쉽지 않아진다. 팬 플랫폼을 나간다는 것은 곧, 이후로는 공식적으로 이뤄지는 아이돌/콘텐츠에 접근하지 않겠다는 것을 의미한다. 일견 팬의 출입이 선택적인 이 세계가, 팬 활동을 하는 데 있어서는 선택이 불가능한 세계가 되어 간다. 적어도 아직까지는 팬들이 즐거움을 얻기 위해 기꺼이 있는 세계(에 가깝)겠지만, 이미 팬들은 기획된 시스템 안에서 의도와 무관하게 엔터테인먼트 산업의 유지와 확대에 복무하고 있으며, 언젠가는 의도한다 한들 어찌할 수 없는, 자생적 팬덤의 끝을 보게 될 것이다(강신규, 2022).

4) 팬 플랫폼의 미래

팬 플랫폼과 팬 플랫폼을 둘러싼 환경이 매우 빠르게 변화 중이다. 단기간 내 산업이 급성장하고 경쟁이 심화하는 모습을 보이는가 하면, 사업자들의 진입과 이탈도 빈번하다. 한쪽에서 지배적 서비스를 중심으로 주류화가 형성되고 있다면, 다른 한쪽에서는 아이돌 K팝이 아닌 다양한 장르의 아티스트와 팬들을 위한 군소 팬 플랫폼들이 나름의 위상을 차지하고 있다. 변화의 폭이 크고 양상이 다양하지만, 그 주된 흐름을 다소 거칠게라도 정리하자면 다음과 같다.

첫째, 서비스 기능의 통합화다. 위버스와 버블 모두 다른 팬 플랫폼의 장점을 흡수, 종합 플랫폼을 지향하는 추세다. 매거진+커머스형 플랫폼으로 출발한 위버스의 경우, 라이브 스트리밍, 프라이빗 채널, 가상 재화 젤리, 멤버십 등의 기능을 더해 가고 있다. 프라이빗 메시지 서비스 중심의 버블 역시 라이브 스트리밍에, 위버스가 하고 있는 커머스, 커뮤니티 등의 기능까지 탑재하고 있다. 경쟁 플랫폼들의 개별 기능이 통합화된다는 것은 곧 플랫폼 간 차별점이 희미해짐을 의미한다. 그런 상황에서 향후 가장 중요한 경쟁 포인트는 입점 아티스트 확보가 될 확률이 높다. 다른 한편 기능의 통합화는 앱이 무거워지는 문제, 복잡한 기능으로 인한 신규 팬 진입의 어려움 및 기존 팬들의 이탈 등으로 이어질 수도 있다.

둘째, 융합을 통한 단일화·거대화다. 팬 플랫폼 업계가 3강 체제에서 위버스와 버블의 양강 체제로 전환된 가운데, 위버스로의 집중이 심화하는 모양새다. 네이버 'V 라이브'가 2021년 1월 위버스로 통합됐고, 유니버스는 2023년 2월 디어유에 매각됐으며, 버블에 입점해 있던 SM 아티스트들이 2023년 9월을 기점으로 위버스에 본격 입점하고 있다. 유니버스가 없고, 위버스와 버블 두 플랫폼의 기능이 점차 유사해지고 있는 데다, 위버스의 새로운 유료 구독형 서비스인 '위버스 DM(direct message)'이 버블의 주력 서비스와 매우 흡사한 성격을 지녀 두 플랫폼 간 경쟁 심화는 불가피해 보인다. 일부 팬들은 SM 아티스트의 위버스 입점과 관련해, SM 정체성 유지에 대한 우려를 비치기도 했다.

팬 플랫폼이 융합되는 추세 속에서 분화의 기조가 동시에 발견되는 건 흥미롭다. 클래식·록·인디 뮤지션 중심의 독립 플랫폼 'ffan,' 뮤지컬 팬 플랫폼 '비스테이지,' 트로트 팬 플랫폼 '오팔,' 크리에이터 팬 플랫폼 '디어스,' 그리고 2023년 9월 위버스로 통합된 SM의 파생 플랫폼 '광야 클럽' 등이 그 예다. 팬 플랫폼의 분화는 기존 팬 플랫폼들이 담지 못하는 비K팝 및 비아이돌 아티스트, 그리고 다양한 팬 활동들을 별도의 공간에 담아내려는 시도로 이해할 수 있다. 독립 플랫폼 대부분이 매거진이나 커뮤니티형이 아니라, 버블과 같이 상대적으로 가볍고 개발이 용이한 프라이빗 메시지 서비스형을 추구하는 것도 특기할 점이다.

셋째, 특히 주요 팬 플랫폼들을 중심으로 두드러지는 글로벌 진출 본격화다. 현지화 강화, 해외 아티스트 입점 유치, 타 장르 플랫폼과의 연계와 결합 등이 주된 전략이다. 위버스는 디지털 제화 젤리를 도입, 다양한 국가와 지역 이용자가 손쉽게 DM, VoD 등의 서비스를 이용할 수 있게끔 하고 있다. 이미 상당수의 해외 아티스트들이 입점해 있지만, 새로운 아티스트들의 입점을 확대하고 있다. 글로벌 피크 트래픽 대응을 위한 투자 확대, 보다 안정적인 실시간 영상 송출 환경 구축 등 기술적 차원의 대비도 하고 있다. 버블은 일본을 시작으로, 중국 등을 대상으로 한 현지화 전략을 통해 해외 사업을 확대하고자 한다. 2024년 6월에는 일본 최대 팬 플랫폼 기업 엠업홀딩스와 설립한 합작 법인 디어유 플러스를 통해 일본 현지 버블 서비스인 '버블 포 재팬Bubble for Japan'을 론칭했다. 위버스처럼 해외 유명 아티스트들의 입점 확대를 위한 노력도 계속하고 있다. 특히 돋보이는 것은 이종 플랫폼과의 협업이다. 카카오엔터테인먼트와 사업 협력을 진행하면서 버블 아티스트를 활용해 멜론과 공동 마케팅을 펼치고, 웹툰 사업과의 연계도 꾀하려 한다. 고유의 주요 기능 특허 등록을 통해 기술적 차원의 대비도 하고 있다. 이렇듯 팬 플랫폼의 글로벌 진출 노력은, 산업 자본이 K팝 아티스트의 인기를 업고 팬 플랫폼 자체 규모를 키우거나, 다른 장르의 엔터테인먼트 사업으로 영향력을 확장하거나, 글로벌 플랫폼으로서의 위상을 높이고 견고하게 만들려는 전략으로 이해 가능하다.

　　엔터테인먼트 자본주의의 새로운 시장 모델이라고는 하나, 팬 플랫폼이 그 영향력을 확대해 가는 중이라 해서 앞으로도 계속 그럴 것이라고 단순히 전망할 수는 없다. 그럼에도 산업 자본의 전략이 갈수록 정교화·복잡화되는 경향이, 팬이 팬질을 지속해 나가는 데 있어 보다 중요한 영향을 줄 확률은 높다. 그리고 적어도 지금 그 중심에 있는 것은 팬 플랫폼이다. 설사 이후에 팬 플랫폼이, 그리고 팬 플랫폼의 내부 자본화를 통한 수익 창출 전략이나 기타 사업전략들이 축소 혹은 폐기될 가능성도 있겠지만, 그 세부 전략 심층에 자리한 산업 자본의 욕망은 갈수록 팽창할 수밖에 없다. 그 팽창하는 욕망이 팬들의 감정, 욕구, 표현, 데이터, 그리고 심지어 커뮤니케이션 활동까지 자산화해 플랫폼 역할을 하는 다른 무언가를 매개로 끊임없이 참여하게끔 만들 것이다. 산업 자본에게 있어 가장 최신의 도구 중 하나인 팬 플랫폼이 어떤 방향과 형태로 팬덤을 바꿔 나갈지 당분간 지속적으로 살펴야 하는 이유다(강신규, 2022).

4

가상과 현실 사이에
놓이는 아이돌

1. 디지털 실감 기술과 아이돌 산업의 결합

디지털 실감 기술이 아이돌 산업과 결합하고 있다. 이제 아이돌의 활동 무대는 현실 세계에 머물지 않는다. 가상 세계에 아바타를 두고 현실과 가상을 자유롭게 넘나든다. 홀로그램 영상을 통해 공연장에서 아바타와 함께 공연을 펼치기도 한다. 애초에 현실과의 존재론적 관계를 맺지 않은 채 가상에만 존재하는 아이돌도 있다. 주로 아이돌 산업에서 기술을 활용하는 듯하지만, 기술을 보유한 기업이 아이돌 산업으로 러브콜을 보내기도 한다. 대표적으로, 게임 기획·개발을 통해 실감 기술 역량을 키워 온 게임업계가 엔터테인먼트사의 지식재산권intellectual property(IP)을 활용한 사업 영역 발굴에 적극 나서는 중이다. 아바타 서비스 회사가 엔터테인먼트사들로부터 투자를 유치해 실제 아이돌의 아바타 콘텐츠화를 시도하는 모습도 빈번하게 발견된다. 공통점은 그것이 현실 속 아이돌과 존재론적 관계를 맺든 그렇지 않든 가상 세계에 아이돌이 새롭게 만들어진다는 데 있다. 그렇게 가상 세계 속 아이돌이 조금씩 늘고 있고, 영향력을 확산해 간다.

　　한국에서 가상 아이돌이 등장한 게 최근의 일은 아니다. 1990년대 후반 최초의 사이버 가수 '아담'에서부터, 2001년 4명의 실제 멤버와 1명의 사이버 멤버로 구성된 아이돌 그룹 '나스카'를 경유해, 2012년 보컬로이드vocaloid '시유'에 이르기까지 여러 시도가 있어 왔다. 2018년 게임 '리그 오브 레전드League of Legends' 챔피언들(아리, 아칼리, 카이사, 이블린 +세라핀)로 결성된 아이돌 그룹 'K/DA'도 빼놓을 수 없다. 실제 아티스트들(각각 (여자)아이들 미연·소연, 자이라 번스/울프타일라, 매디슨 비어/비 밀러+렉시 리우)이 개별 챔피언에 대응해 노래를 부르고 동작을 입혔다는 점에서 K/DA는, 오롯이 가상으로만 존재하는 아담이나 시유와는 구분된다. 2020년 11월 데뷔한 '에스파'는, 멤버들이 자신의 또 다른 자아인 아바타를 만나 새로운 세계를 경험한다는 세계관을 바탕으로 현실과 가상에서 동시에 활동한다. 그리고 2023년 3월 데뷔한 '플레이브'는 얼핏 가상 아이돌로 보이나, 각각의 캐릭터 멤버를 한 명씩의 실제 인간과 연결하고, 모션 캡처와 실시간 렌더링real-time rendering 기술을 통해 실제 인간의 목소리와 동작을 실시간으로 구현하는 형식을 취한다. 이렇듯 아이돌이 가상/현실과 관계 맺는 방식은 크게 세 가지로 요약된다. 현실 아이돌(대부분의 아이돌), 가상 아이돌(아담, 나스카, 시유, 이세계아이돌 등),

가상＋현실 아이돌(K/DA, 에스파, 이터니티, 슈퍼카인드, 플레이브 등).

　　본래 아이돌은 이상화된 초월적 존재로, 현실의 나와 다른 존재라는 점에서 가상성virtuality과 맞닿아 있다. 이때 가상성은 현실에 물리적으로 존재하나 형상화 작용에 근거한 상상에서 비롯되는 것이라 할 수 있다. 실제로 물리적 현실과 상상 속 가상의 경계가 유지된다. 반면, 디지털 실감 기술에 의해 만들어지는 가상성은 현실과 가상의 경계를 허물 가능성을 지닌다. 그리고 그 가상성은 아이돌과 결합해 기존 아이돌에 디지털 신체를 부여하고 정체성을 바꾼다. 인터넷과 같은 가상 세계에서 재현물로만 존재하는 수준을 넘어 (때로는 독립된 그리고 때로는 실제 인격과 연결되는) 인격을 가진 아바타로 활동할 수 있다는 점에서 기존 재현 양상에 균열을 일으킴은 물론이다. 활동하는 주체가 복잡해지기에 산업을 이루는 전통적 생산 요소(자본, 노동 등)에도 변화가 일어난다. 팬들이 아이돌을 통해 얻게 되는 경험이 달라짐은 물론이다. 가상 아이돌과 가상＋현실 아이돌[38]은 기술과 물질성의 혼합을 통해 문화산업의 변화를 보여 주는 대표 사례다.

　　가상(＋현실) 아이돌을 경유해 아이돌과 엔터테인먼트

---

[38]　아래서부터는 가상 아이돌과 가상＋현실 아이돌을 함께 언급할 때 편의상 '가상(＋현실) 아이돌'로 표기하도록 한다.

산업, 그리고 그것을 받아들이는 팬들을 새롭게 이해하는 접근이 요구된다. 이는 비물질이 물질에, 인공적인 것이 현실 속 살아 있는 것에, 그리고 디지털 기술이 인간에게 어떤 영향을 미치고 있는지를 구체적인 대중문화물을 통해 들여다 보는 일이기도 하다(강신규, 2021).

2. 가상 아이돌과 가상+현실 아이돌 위치 짓기

가상(+현실) 아이돌은 기술로 신체를 시뮬레이션하려는 오랜 시도의 산물이다. 디지털 정보와 데이터가 현실의 신체를 재현하는 수준을 넘어, 그것에 침투해 새로운 신체를 만들고 가상 세계에 살게 한다. 그렇다면 이들을 현실 아이돌과의 관계 속에서 어디에 위치시킬 수 있을까?

① 가상 아이돌: 아담, 나스카, 시유, 이세계아이돌 등 의 가상 아이돌은 현실 세계 외부에 컴퓨터 기술로 만들어 진 별도의 가상 세계 속에서 가상 상태로 존재한다. 현실에 서 물리적으로 활동하(고 가상 세계에서는 사진, 영상, 2차 창작물 등 현실 기반의 재현물로만 존재하)는 아이돌과 달리, 가상 아이돌은 컴퓨터 그래픽으로 구성된 실체는 있되 물리적으로는 존재하지 않는다(강신규, 2020b). 물론 현실에 실존하는 인물들의 아바

타가 아니라 완전히 독립된 존재이기는 하나, 현실 속 인물들에 대한 고려하에 재현됐다는 특성을 지닌다. 예를 들어 아담은 배우 원빈의 닮은꼴로 유명했다. 현실의 인물과 가상의 아이돌 간 명징한 존재론적 관계는 없지만, 가상의 아이돌을 현실의 인물들을 경유해 재현한 이상적인 존재들이라고 할 수 있다. 재현된 존재이기에 물리적 신체는 지니지 않는다. 가상의 공간에 마련된 로봇인 셈이다. 신체가 기계로 현실 세계에 존재하는 대신, 가상 세계에서 디지털 정보와 데이터의 집합체로서 보일 뿐이다.

② 가상+현실 아이돌: K/DA, 에스파, 이터니티, 슈퍼카인드, 플레이브 등의 가상+현실 아이돌은 현실 너머에만 존재하는 가상 아이돌과 달리, 가상을 현실 위에 덧씌우거나(에스파, 이터니티 등) 현실과의 연계 속에 둠(K/DA, 슈퍼카인드, 플레이브 등)으로써 가상과 현실 사이의 경계를 지우거나 희미하게 만든다. 이들 사이에는 가상과 현실 모두에 연결된다는 공통점뿐 아니라, 근본적인 차이점도 있다.

②-① 에스파는 현실 세계에 사는 멤버들과 가상 세계에 존재하는 아바타인 æ(이하 '아이')가 소통하고 교감하며 성장해 간다는 설정을 취한다. 아이는 인간의 정보와 데이터를 기반으로 만든 가상 세계 속 또 하나의 자신이다. K/DA에서 각기 다른 활동을 펼치는 게임 캐릭터와 아이돌/가수가 임시적으로 결합했다면, 에스파에서는 가상의 아이와

현실 멤버가 명징하게 존재론적 관계를 지닌다고 할 수 있다. 다만, 아이는 가상 세계에 사는 도플갱어doppelgänger와도 같다. 아바타 아이-카리나는 실제 사람인 리더 카리나에서 비롯된 가상의 존재지만, 인공 지능을 지녀 자신의 방식대로 생각하고 살아가는 별개의 유기체다. 따라서 현실 세계 멤버들은 기존 현실 아이돌들처럼 오프라인을 중심으로 활동을 펼친다. 그와 동시에 가상 세계 멤버들도 다양한 콘텐츠와 프로모션을 통해 자신들을 알린다. 둘은 온오프라인에서 때로는 각자, 또 때로는 함께 활동한다. 에스파 세계관에서 에스파와 아이-에스파를 서포트해 주는 조력자이자 안내자 역할을 하는 나이비스naevis가 가상 아이돌로 데뷔하는 것도 같은 맥락에서 이해 가능하다. 아이의 공식 설정에 따라 나이비스 역시 실제 세계와 대응하는 사람이 존재한다. 다만 에스파가 현실 세계 멤버들을 중심으로 활동한다면, 나이비스는 기본적으로 가상의 캐릭터가 우선시된다.

②-②-① K/DA는 이미 '리그 오브 레전드'를 통해 알려진 캐릭터(챔피언)들에 실제 아이돌과 가수들을 접합한 시도다. 엄연히 둘(캐릭터 vs. 실제 아이돌/가수)은 다른 존재이고, 'K/DA'라는 프로젝트하에서만 상호 연결될 뿐이다. 팬들 역시 이미 세계관과 인지도를 동시에 지니는 '리그 오브 레전드' 캐릭터 팬, 직접 노래를 부른 아이돌/가수들 팬, 그리고 K/DA 팬으로 구분 혹은 중첩된다. 물론 'K/DA' 프로젝트

를 위해 캐릭터와 실제 아이돌/가수 양쪽이 별도의 설정 작업을 거치기는 했다. K/DA는 '리그 오브 레전드'에 출시된 스킨skin[39] 이름으로, 이 스킨을 통해 캐릭터들은 가수로 변신할 수 있다. 리드 보컬, 리드 댄서, 래퍼와 같이 한국 아이돌 그룹 특유의 멤버 구성 규칙을 그대로 가져왔다는 점도 특기할 만하다. 멤버마다 아이돌 활동을 할 수밖에 없게 된 맥락도 입혔다.[40] 한편, 캐릭터들이 공연할 때 움직임은 게임이 아닌 실제 아이돌/가수의 움직임에서 가져왔다. 아이돌/가수의 일부 안무 동작을 모션 캡처를 통해 캐릭터에 입힌 것이다. 모션 캡처는 가상의 캐릭터가 가질 수 있는 동작의 부자연스러움을 줄이고 인간다움을 채워 주는 역할을 한다.

특기할 점은, 가상과 현실에서 각각 별도로 활동하던 존재가, 증강 현실 기술을 통해 실제 무대에서 하나(가상+현실)가 될 수 있다는 부분이다. 증강 현실은 현실 세계에 가상의

39   게임 내 캐릭터의 외형을 바꾸는 아이템을 말한다.
40   리드 보컬 아리는 2013년 K팝 신인상을 수상한 바 있고, 5개의 싱글 앨범을 발매한 뒤 휴식기를 가진 상태다. 이블린은 또 다른 리드 보컬로, 고급차 수집이 취미인 만큼 뮤직비디오 역시 이블린이 슈퍼카 위에 앉아 있는 장면으로 시작한다. 리드 댄서인 카이사는 어릴 적부터 서울, 홍콩, 뉴욕, 케이프타운 등 다양한 국가에서 자랐고, 래퍼 아칼리는 아티스트가 되고 싶어 무술을 그만두었다(한국콘텐츠진흥원, 2020).

대상물을 구현함으로써 실재reality를 대체replacement하는 것이 아니라 보완supplement한다(Azuma, 1997). 덕분에 '리그 오브 레전드 2018 월드 챔피언십'에서는 K/DA 캐릭터와 실제 가수가 한데 모여 공연을 펼치기도 했다. 가상의 대상물(캐릭터)이 현실 세계에 배치됨으로써 가상과 현실이 결합하고, 캐릭터와 실제 가수 간 실시간 상호 작용이 이뤄졌다. 이처럼 게임 캐릭터의 세계관과 인지도, 실제 아이돌/가수의 활동 이력과 인지도는, 제3의 프로젝트가 만든 설정 및 실감 기술(모션 캡처, 증강 현실)과 만나 '활동 시/공간의 일치'를 만들어 낸다. 합동 공연을 통해 캐릭터와 아이돌/가수의 각기 달랐던 활동 시간과 공간이 하나가 된다. 아이돌/가수뿐 아니라 캐릭터가 움직이는 공간도 지금 여기(현실)다. 따라서 이들의 공연은 수용자에게 가상에 대한 원격 현전tele-presence[41]감만을 제공했던

41   참여자가 가상 현실 속 여러 대상을 통해 신체는 스크린 바깥에 있지만 스크린 안에 있는 것과 같은 느낌을 받는 것을 말한다. 원격 현전은 매개된 커뮤니케이션 상황에서 인지되는 존재감으로, 사실은 부재 상태인 타자나 사물과의 공동 공간감, 몰입, 현실감 등과 같은 심리적 상태 혹은 주관적 관념으로 이해된다. 면 대 면으로 직접 커뮤니케이션하는 것과 달리 미디어나 커뮤니케이션 기술을 통해 매개된 커뮤니케이션을 하는 경우, 참여자는 일반적으로 실재하는 물리적 환경과 미디어를 통해 구현되는 환경을 동시에 지각한다. 그럼에도 몰입적인 가상 현실은 참여자에게 고도의 원격 현전을 제공하고, 참여자는 자신의 신체가 위치한 현실과 가상 현실 간의

가상 아이돌과 달리 현전presence감도 제공한다(강신규, 2021).

②-②-② 플레이브는 현실의 인간이 컨트롤하고 연기하는 가상 아이돌이다. 현실과 가상의 존재를 실시간으로 연결하는 것은 기술이다. 그간 등장했던 가상 아이돌들이 대체로 해당 아이돌을 연기하고 노래를 불렀던 실제 인간과 거리를 둔 채 사전에 제작된 영상 중심으로 재현돼 왔다면, 플레이브는 실제 인간의 개입을 통해 팬들의 눈앞에서 실시간으로 말하고 노래하며 춤추고 행동한다. 가상 아이돌의 가장 큰 약점으로 꼽히던 팬들과의 직접 소통이 가능해지는 셈이다. 플레이브는 실제 아이돌과 마찬가지로 팬들과 적극적으로 만나고 각종 부대 활동을 펼친다. 그간 가상 아이돌들이 앨범을 내고 뮤직비디오 정도에만 출연했던 것과는 대조적이다. 음악 방송에서 공연하고, 릴레이 댄스 콘텐츠나 숏폼 챌린지에 참여하며, 앨범 발매 후 영상 통화 이벤트를 진행함은 물론이고, 라이브 방송이나 유튜브 예능 프로그램에도 출연한다. 심지어 2024년 4월에는 서울 올림픽홀에서 단독 팬 콘서트를 열기도 했다. 이처럼 실제 아이돌이 참여하고 펼치는 모든 활동을 한계 없이 소화하면서 가상 아이돌에 대한 팬들의 심리적 허들을 낮춘다. 가상 캐릭

차이를 거의 느끼지 못하거나 최소한만 지각하게 된다.

터 자체에 열광하는 팬들도 상당수인 데다, 플레이브 뒤에 있는 인간의 존재가 '실물의 부재'에 대한 거리감을 줄여 팬들로 하여금 복합적인 매력을 느끼게 만든다.

3. 가상(+현실) 아이돌을 둘러싼 이슈, 그리고 팬덤

1) 디지털 신체, 복제, 노동

디지털 신체의 핍진성과 신화

디지털 실감 기술에 의해 펼쳐지는 세계가 핍진적逼眞的[42]일수록 수용자는 비매개에 가까운 상호 작용을 경험하게 된다. 그것이 현실과 얼마나 가까우냐가 아니라, 가상 세계 안에 존재하는 환경, 캐릭터(의 행위), 상황과 개연성이 얼마나 신뢰할 만하고 현실'적'이냐가 수용자의 경험에 영향을 미친다. 이때 가상 세계는 기본적으로 비물질적인 것이지만, 물질적

---

42   핍진성verisimilitude은 라틴어 'verum(진실)'과 'similis(유사한)'에서 나온 말로, 텍스트에 대해 신뢰할 만하고 개연성이 있는 정도, 즉 그럴듯하고 있음 직한 이야기로 독자를 납득시키는 정도를 뜻한다.

인 것으로 지각될 만큼 실재하는 인식의 세계를 탄생시킨다. 마치 현실 속 인물처럼 가상의 캐릭터가 물리적 존재를 제공하는 것처럼 인식된다는 것이다. 물론 이는 인식 차원에서 이뤄지는 것일 뿐이다. 가상 현실 속 모든 것은 물질적 구현이자 손으로 만질 수 있는 존재로서의 현실 속 많은 것과 대비된다(강신규, 2020b). 그렇기에 수용자의 일상 속 어딘가가 아닌, 무대와 같이 (만지는 대신) 보고 들을 수밖에 없는 곳이 가상과 현실을 함께 제공하기에는 최적의 장소다. 손을 뻗을 수 있는 곳에서 마주치는 증강 현실은 수용자에게 수시로 물질적 부재를 일깨울 수 있지만, 손이 뻗지 않는 곳에서는 시·청각이 촉각을 흡수 혹은 압도한다.

　　'현실과 얼마나 가까우냐'가 아니라 '얼마나 현실적이냐'가 핍진성의 본질이라는 점은, 리얼리즘적인 감각 요소가 핍진성을 담보하지는 않음을 나타낸다. K/DA의 캐릭터, 에스파의 아이, 이세계아이돌 멤버들, 플레이브 멤버들 역시 리얼리즘적인 그래픽 대신 (일부러) 데포르메deformation, caricaturization[43]적인 그래픽을 취한다. 이세계아이돌이나 플레이브 멤버들은 완전히 새롭게 창조된 존재들이다. K/DA 캐

43　영상에서 대상을 사실적으로 묘사하지 않고 일부
변형·과장·축소·왜곡을 가해 표현하는 기법이다.

릭터의 경우는 이미 존재하는 게임에서 가져온 존재라 실제 아이돌/가수와 비슷한 외모를 취하긴 어려우므로 아이돌/가수의 장점이나 움직임을 따옴으로써 핍진성을 높이고자 한다. 반면 에스파의 아이는 현실 세계 멤버로부터 비롯된 존재인 만큼 외모도 꽤 닮아 있다. 물론 현실 멤버들의 신체에 대한 가상의 묘사물(아이)은 특정 목적을 위해 인위적으로 구성된 특정 정보와 데이터의 집합체로, 실제 멤버 그 자체는 아니다. 특별한 의미나 효과를 위해 강조할 측면들을 의도적으로 부풀리고, 필요 없는 부분은 배제한 결과물일 뿐이다. 이 의도적이고 제한적인 선택과 강조는 인간적인 부분 일부를 비움으로써 가상 세계 아이들이 비록 현실 세계 멤버를 토대로 만들어졌지만 별도의 활동을 펼칠 수 있는 존재임을 드러낸다. 심지어 아이들의 목소리도 현실 세계 멤버가 아닌 성우에 의해 더빙된 것이다.

에스파는 리얼리즘적 그래픽이나 소리 대신 설정과 이야기를 통해 핍진성을 채우고자 한다. 현실 세계 멤버들과 가상 세계 아이들을 싱크SYNK를 통해 소통하고 교감한다. 에스파와의 지속적인 소통과 교감을 통해 싱크 레벨이 높아진 아이는 현실 세계로 리콜REKALL할 수 있다. 다만 리콜 시간은 한정돼 있다. 이는 현실 세계에서 멤버들과 아이들이 함께할 수 있으나, 그것이 임시적일 확률이 높음을 나타낸다. 그리고 뒤에서 자세히 살피겠지만, 비어 있는 재현물로서의 아이는 그 자체로 완결되지 않으며, 수용자로 하여금 그 빈 곳을 비집고 들어오게끔 만드는 측면이 있다. 현실 아이돌은 기본적으로는 닫혀 있지만, 무대 바깥의 모습을 보여 주거나 그룹명을 공모하는 등 수용자에게 참여의 여지를 주는 방식으로 일부를 열어젖히는 텍스트다. 하지만 아이는 존재(디지털 신체)에 빈 곳을 둠으로써 수용자를 참여하게 만든다. 수용자는 디지털 정보와 데이터에 직접 개입해 아이의 신체와 행동을 바꿀 가능성을 손에 넣는다. 아이는 언제라도 바꿀 수 있는 존재로 수용자들에게 쥐어지며, 이는 아이의 외견이 데포르메적인 것과도 관련된다.

　　　살아 있는 신체에 대한 어떤 표현도, 실존하는 원본에 대한 선택적인 참조일 뿐이다. 그런 점에서 제한적인 재현은 불가피한 것이기도 하다. 하지만 그렇기에 그 재현에는 디지털 신체에 대한 당대 산업의 지배적 믿음이 작용한다. 아이는 지금 여기에서 가장 우선순위가 높거나 가치가 있는 것으로 받아들여지는 여러 물질적 속성이 반영된 결과다. 에스파는, 현재 한국에서 아이돌이 무엇이고 어때야 하는지에 대(해 만든 이들이 의도)한 여러 생각을 내재한다. 이것이 문제인 이유는, 실제 대상이 시뮬라크르simulacre[44]를 통해 만든 이

44　실제로는 존재하지 않는 대상을 존재하는 것처럼 만들어

들이 원하는 부분들을 갖추도록 장려함으로써, 원본과 사본 간 구별을 모호하게 하는 데서 나아가, 사본을 통해 원본을 규정 혹은 규율하는 효과까지 갖게 할 수 있기 때문이다. 아이는 생명이 없는 신체 재현을 통해 그 표현에 더 근접한 신체를 생성하려는 일종의 공감 장치다. 나아가 정보와 데이터로서의 신체가 현존하는 신체에 대한 제한된 재현이라 하더라도, 그것은 궁극적으로 현재에는 없는, 가상화된 미래 지향적 신체다(Black, 2006). 이 새로운 신체(디지털 신체)는 당대의 유물론적 관점을 반영함과 동시에, (근본적으로 다를 수밖에 없는 존재임에도) 기존의 신체(현존하는 신체)가 나아가야 할 방향을 기술 지향적 관점에서 자연스럽게 제시하는 산업의 욕망이 담긴 장치이기도 하다(강신규, 2021).

디지털 신체를 바꾸는 것 외에, 존재(디지털 신체)에 빈 곳을 둠으로써 수용자를 참여하게 만드는 또 하나의 요소가 때로는 기술의 부자연스러움 혹은 불완전성인 경우도 있다. 플레이브가 존재(디지털 신체) 자체와 불완전한 기술이 오히려 이용자에게 재미를 주고 참여할 여지를 남기는 대표 사

놓은 인공물을 지칭한다. 원본 없는 이 인공물은 그 자체로 현실을 대체하고, 현실은 이 인공물에 의해 지배받게 된다. 결국 시뮬라크르는 실재보다 더 실제적이며, 실제로 존재하는 어떤 것과도 관계가 없는, 독자적인 하나의 현실인 셈이다(Baudrillard, 1981/2001).

례다. 플레이브는 오류 많은 가상 아이돌로도 유명하다. 갑작스럽게 기술적으로 동기화 오류가 발생했을 때, 멤버들은 가지각색 엉뚱한 모습으로 변하고 만다. 제대로 움직여지지 않는 한쪽 다리 때문에 난감해하다가, 본의 아니게 옆에 앉은 멤버의 얼굴을 걷어차는 모습이 연출되기도 하고, 춤을 추다 손이나 목이 꺾이는 광경이 펼쳐질 때도 있다. 하지만 그때마다 멤버들은 농담으로 받아치거나, 오류 난 멤버의 신체를 엉뚱한 자세로 가려 주는 등의 유연한 대처로 보는 사람으로 하여금 함께 웃지 않을 수 없게 만든다(손안나, 2024. 5. 28). 포털 사이트나 유튜브에서 '플레이브 오류'라고 검색하면 관련 사례들을 모아 놓은 콘텐츠가 수두룩하다. 이는 어설픈 기술, 좋게 말해 사람 냄새 나는 기술이 불쾌한 골짜기 uncanny valley[45]로의 진입을 막고 팬들로 하여금 친근감이 들게끔 만드는 사례로 이해 가능하다. 기술적 오류 자체가 곧 콘텐츠가 되는 셈이다.

복제 가능한 인터랙티브 아이돌

디지털화는 대중문화 텍스트를 비물질화하고 거의 무한한

---

45 인간이 인간이 아닌 존재를 볼 때, 해당 존재가 인간과 많이 닮아 있을수록 호감도가 높아지다가 일정 수준에 다다르면 오히려 불쾌감을 느낀다는 이론이다.

번역 가능성을 가져다주었다. 음악, 문자, 동/영상 모두가 디지털 형식으로 만들어지고, 거의 즉각적으로 배포되며, (권한이 주어진다는 전제하에 기술적으로는) 복제와 재작성이 가능하다. 그중에서도 수용자로 하여금 기존 텍스트를 자신의 취향에 맞게 개조할 수 있도록 한다는 부분은, 수용자에게 전에 없는 자유와 권한을 부여하는 것으로 이해되기도 한다. 물론 이는 지식재산권 이슈와 연결된다. 이제 실제로 많은 수용자가 대중문화 소비와 동시에 텍스트를 재창조하는 2차 창작자다. 원저작물(1차 창작물)을 번역·변형·각색·편집 등의 방법을 통해 재가공한다. 단순 일러스트부터 팬픽, 동인지, 웹코믹, 그리고 나아가 정보나 데이터 수정·변경에 이르기까지 많은 분야에 널리 퍼져 있으며, 팬 활동의 큰 비중을 차지한다. 고도의 네트워크 기술, 스마트폰의 보편화와 고성능화, 동/영상형 소셜 미디어의 발달, 손쉬운 편집 프로그램의 확대 등은 많은 수용자가 보다 쉽게 2차 창작을 할 수 있게끔 돕는다.

디지털화된 가상 아이돌도 다양한 방식으로 소비된다. 기본적으로 음원이나 동/영상은 소설, 만화, 영화, 애니메이션 등 다른 전통적인 대중문화 텍스트들처럼 완성된 상태로 수용자에게 제공된다. 물론 팬미팅, 소셜 미디어나 인터넷 개인 방송 등 상대적으로 쌍방향적인 활동도 있다. 하지만 그러한 활동들은 주로 현실에 기반을 둔 아이돌에 의해 이뤄진다.

하지만 조작 가능한 신체(이자 상품으)로서의 가상 아이돌은 앞서 잠깐 언급한 것처럼 존재에 빈 곳을 둠으로써 수용자의 참여를 이끈다. 수용자는 디지털 정보와 데이터에 직접 개입해 가상 아이돌의 신체와 행동을 수정·변경할 수 있다. 이때 팔리는 것은 정보와 데이터 자체가 아닌, '가상 아이돌과의 커뮤니케이션'(宇野常寬, 2018/2018)이다. 수용자들은 일차적으로 가상 아이돌의 디지털 신체에의 개입을 통해 그것과 상호 작용하고, 이차적으로 디지털 신체 너머 형상화 작용에 근거한 상상(여기서 비기술적 가상성이 재등장한다) 속 아이돌과 커뮤니케이션한다. 가상 아이돌의 지식재산권 소유자가 애초에 조작할 가능성을 담은 가상 아이돌을 제공한다는 사실은, 디지털 정보·데이터와 신체 간 관계를 더 복잡하게 만든다. 수용자는 단순히 시청각 재현물로서의 가상 아이돌을 구매하는 것이 아니라, 조작 가능한 가상 아이돌의 신체와 커뮤니케이션을 구매하게 되는 것이다.

살아 있는 아이돌의 신체와 행동을 그 자체로 직접 수정·변경하는 것은 불가능하다. 그들에 대한(의한) 디지털 파생 상품(음악, 동/영상 등)을 복제·유포하거나 수정·변경하는 일과는 본질적으로 다르다. 때문에 2차 창작에서 대체 불가한 현실 속 아이돌을 끌어들이기 위해서는 다른 미디어로의 전환media conversion[46]이 이뤄질 수밖에 없다. 하지만 가상 아이돌의 경우는 다르다. 아담, 나스카, 시유 등은 현실 세계의 인물과 존재론적 관계를 맺지 않으며, 그 자체로 원본이 된다. 기술적인 한계를 넘는다는 조건하에, 미디어 전환 없이 원본과 똑같은 2차 창작물이 얼마든지 만들어질 가능성이 있다. K/DA, 에스파, 이터니티 같은 가상+현실 아이돌도 마찬가지다. 특히 이미 K/DA의 경우는 다양한 버전으로 재현된 게임 캐릭터가 존재하며, 실제 수용자들에 의해 해당 캐릭터들에 대한 2차 창작이 활성화돼 있다.

다만 K/DA에는 또 다른 맥락이 작용하는데, K/DA 활동을 할 때만이라고는 해도 해당 캐릭터들은 실제 아이돌/가수들과 연결된다. 상상 속에서나마 캐릭터를 경유해 살아 있는 아이돌/가수에 가닿을 가능성이 생긴다. 수용자들이 K/DA 캐릭터를 살아 있는 아이돌/가수라 생각하고 2차 창작물의 대상으로 활용할 수 있게 된다는 것이다. 이는 에스파의 경우 더욱 문제가 된다. (제한된 재현으로 인해) 다르게 생겼고 (인공 지능을 통해) 스스로 생각하는 존재이기에, 아이는 존재론적 관계에서는 원본(현실 속 인간)의 사본(아바타)이지만,

---

46   원 텍스트가 가지고 있던 미디어적 표현 양식을 벗어나 다른 새로운 미디어 표현 양식으로 변형되는 것을 말한다.

인식론적으로는 그 자체로 또 다른 원본이 된다. 하지만 기본적으로 아이는 멤버에서 비롯된 또 하나의 멤버이고, 둘을 따로 떼서 볼 수는 없다. 이를테면 아이-카리나는 카리나가 더 이상 현역으로 활동하지 않는다고 할 때 독립적으로 활동한다고 생각하기 어렵다. 카리나 2차 창작물은 여전히 활동할지도 모른다. 따로 떼서 볼 수 없는 둘임에도 수용자들은 얼마든지 아이의 디지털 신체와 행동에 개입해 그것을 직접 고치고 바꿀 수 있다. 결국, 이 인식론적 원본은 실질적인 원본과 사본의 경계를 희석시키고, (특히 2차 창작의 맥락에서) 디지털 신체를 원본 없는 작품에 가깝게 만든다.

　　이 이슈를 극단까지 몰고 가면 인터랙티브 포르노그래피interactive pornography가 될 수 있다. 인터랙티브 포르노그래피 이슈는 페르소나와 재현물이 장악되는 지적 재산이자 미디어 셀러브리티로서의 가상 아이돌과, 대중이 원하는 목적을 위해 활용될 수 있는 디지털 정보와 데이터의 집적물로서 가상 아이돌 사이의 긴장을 보여 준다. 현실에 뿌리를 둔 모든 셀러브리티가 디지털 형식으로 기록되고 소비될 가능성에 놓이지만, 특히 디지털 신체까지 함께 지닌 가상+현실 아이돌이 수정되고 변경될 가능성이 놓인다는 것은 훨씬 문제적이다(Black, 2006). 보통 셀러브리티의 디지털 동/영상은 살아 있는 그들이 직접 한 적 없는 행동이나 발언을 완전히 조작된 기술(예를 들어, 딥페이크deepfake[47] 같은 합성 기술)을 통해 만드는 방식을 취한다. 하지만 디지털 원본(심지어 현실 세계 신체와 존재론적으로 이어지는)을 지닌 가상 아이돌은 직접적인 포르노 재현의 대상이 될 우려가 있다. K/DA의 경우 인터넷에 관련 포르노물이 넘쳐난다. 다만 디지털 아바타 자체에는 인격이 없으므로, 현실 속 피해자가 명시적으로 생기지는 않는다. 하지만 에스파의 경우는, 디지털 신체 너머에 살아 숨 쉬는 인간이 언제든 상상될 수 있다. 제한된 재현과 본질적으로 둘(현실 멤버와 가상 아바타)이 다르다는 인식은 오히려 수용자의 윤리의식을 희석시킬 가능성도 있다. 실제 사람들의 정보와 데이터에 근거해 만들어진 인식론적 원본으로서의 아바타가 인터랙티브 프로노그래피화되는 것은 현실 아이돌 그리고 가상 아이돌이 그렇게 되는 것과는 완전히 다를 수밖에 없다(강신규, 2021).

47　'딥 러닝deep learning'과 '가짜fake'가 합쳐진 말로, 인공 지능을 기반으로 한 인간 이미지 합성 기술을 뜻한다. 기존에 있던 인물의 얼굴이나 특정 부위를 다른 영상의 그것들로 합성하는 식이다. 유명인이나 지인의 신체를 활용해 가짜 뉴스, 사기 및 보이스피싱, 성범죄 등에 악용하는 경우가 늘고 있다. 2020년 4월 20일 방영된 〈MBC 뉴스데스크〉 딥페이크 악용 사례 보도에서는 BTS와 아이유를 예시로 삼아, 불쾌감을 느낀 양측 팬덤으로부터 비판을 받기도 했다.

무한하지 않은 그림자 노동

현실 아이돌은 각종 구설수와 사건 사고에서 자유롭기 어렵
다. 그들이 살아 숨 쉬는 인간이기 때문이다. 하지만 그런 일
들로 인한 멤버의 일탈이나 이탈이 매니지먼트 차원에서는
리스크가 된다. 메이크업을 하거나, 악플에 대처하거나, 사생
활 이슈에 따른 위험 부담을 고려할 필요가 없는 가상(+현실)
아이돌은 그런 점에서 완전무결한 존재로 산업계에 폭넓게
받아들여진다. 하지만 매니지먼트 과정에서 발생할 수 있는
문제점들을 대부분 차단한다고 해서 그들이 완전무결한 존
재일 수는 없다. 가상(+현실) 아이돌은 쉬지 않고 항상 일할
수 있다. 늙지도 않는다. 현실 아이돌보다 성실하며, 그들의
노동은 무한하다. 그럼에도 그들이 노동을 하기 위해서는,
뒤에서 노동하는 현실 세계의 인간들이 필요하다. 아이들이
무슨 활동이든 하기 위해서는 무조건 그들의 행동과 목소
리를 현실 세계 누군가 만들어야 한다. 가상(+현실) 아이돌의
목소리를 담당하는 성우가 해당 아이돌 세계관의 핍진성 유
지를 위해 무대 위에 직접 오를 수 없음은 물론이다. 가상(+
현실) 아이돌이 전면에 부각될수록, 뒤에서 실존하는 누군가
해야 할 일이 많아진다.

    모션 캡처와 실시간 렌더링 기술에 기반해 현실 인
간이 무대 뒤에서 직접 멤버들의 목소리를 내고 노래 부르
며 행동을 취함으로써 현실 인간의 재능을 가상 캐릭터로

옮기는 플레이브 같은 가상+현실 아이돌은 좀 다르게 볼 필요도 있다. 개별 캐릭터 멤버와 연결된 현실 인간을 대체 가능한 존재로 인식하지 않는 이상, 그 현실 속 인간은 가상 캐릭터의 껍데기를 뒤집어 썼을 뿐 현실 아이돌과 크게 다를 바 없는 매니지먼트의 대상이기도 하다. 가상의 예준으로 분한 현실의 예준은 껍데기 예준처럼 사건 사고에서 완전히 자유로울 수도, 무한한 노동을 할 수도 없다. 그러한 사실을 증명이라도 하듯, 2024년 3월 예준은 성대 결절 진단을 받고, 활동을 최소화했다. 여기서 성대 결절 진단받은 것은 현실의 예준이고, 활동을 최소화한 것은 현실 예준에 의해 활동에 영향받는 가상의 예준이다. 플레이브처럼 가상 캐릭터의 실질적인 활동에 현실의 인간이 직접적 영향을 더 많이 미치는 경우, 가상 캐릭터 뒤 현실 인간의 매니지먼트에 대한 새로운 고민이 더해진다. 가상 캐릭터의 활동 양상과 캐릭터-인간 간 관계가 다양해질수록, 그림자 노동을 우리 사회가 어떻게 받아들이고 그림자 노동 과정에서 발생 가능한 여러 문제를 어떻게 해결할지에 관한 고민도 늘어난다.

　　　가상(+현실) 아이돌은 디지털 신체에 대한 아이디어가 아이돌 산업과 수용 문화, 나아가 우리 사회와 어떻게 교호 작용하는지를 보여 준다. 가상(+현실) 아이돌을 둘러싼 산업 구조, 수용자가 디지털 신체와 상호 작용하는 방식, 신체가 디지털의 논리에 포섭되고 동화되는 정도 등. 그리고 나아가 우리 신체의 물질성이 디지털 정보·데이터로 포화되는 과정을 경험하게 해 준다. 현실에서 살아 숨 쉬는 대부분의 아이돌 사이에서 가상(+현실) 아이돌이 갖는 지위는, 적어도 일부 영역에서 디지털 형식으로 변환된 신체와 오리지널 신체를 구분하는 일이 점점 더 어려워짐을 드러낸다. 기존의 대중문화 텍스트는, 현실 세계에서는 실현할 수 없는 것을 허구의 세계를 통해 간접적으로나마 체험하게 해 주었다. 하지만 이제는 현실에서 실현할 수 없는 것을 허구의 세계에서 직접 실현할 수 있게 만든다. 그리고 그것은 종종 현실 세계로까지 침투해 사람들에게 크고 작은 영향을 미친다(강신규, 2021).

2) 가상(+현실) 아이돌과 팬덤

가상(+현실) 아이돌이 등장한 지 적지 않은 시간이 지났고, 최근 가상(+현실) 아이돌의 등장이 본격화되면서 영향이 점증 중이기는 하나, 그에 대한 팬덤이 가진 고유의 양상과 의미를 종합적으로 정리하기는 쉽지 않다. 아직 팬덤이 전반적으로 굉장히 활성화됐다고 단언하기 어려운 측면이 있고, 어떤 가상(+현실) 아이돌이냐에 따라서도 그 팬덤 활동 양상이 다양하게 나타나기 때문이다. 더욱이 가상(+현실) 아이돌 팬덤이 이전의 현실 아이돌 팬덤과 분리돼 완전히 새롭게 구성되는 것도 아니다. 다른 대부분의 새로운 팬덤들이 그랬듯 가상(+현실) 아이돌 팬덤 역시 이전의 팬덤들과의 관계 속에서 비롯되는 것이라 할 수 있다. 그럼에도 그 흐릿하면서도 다양한 속에서 다분히 가시적으로 드러나 논의해 볼 만한 몇 가지 흐름이 틀림없이 존재한다. 그리고 그 흐름들은 당연히 앞서 논의한 가상(+현실) 아이돌을 둘러싼 이슈들과도 연결된다.

첫째, 가상(+현실) 아이돌 팬들은 겉으로 드러나는 가상 캐릭터와 캐릭터 뒤 본체 사이에 경계를 두지 않는다. 그리고 그 경계 두지 않음 자체가 새로움이 된다. 현실 아이돌을 좋아하는 데 익숙한 팬들이 가상 아이돌을 접하고 그것을 좋아하는 감정에 진입하는 과정은 낯선 것일 수 있다. 기존 만화, 애니메이션, 게임 등의 캐릭터를 좋아하는 일과는 또 다르다. 그런 점에서 가상 아이돌이라는 대상을 좋아하는 행위는, 팬들이 갖고 있던 기존의 인식 체계를 확장하는 일이기도 하다. 가상성과 실재성이 혼재된 존재를 나름의 방식으로 인지하고 느끼고 받아들인 팬들은 가상과 실재 영역의 구분을 해체하며, 특히 가상 캐릭터의 무대 뒤에 존재하는 현실 인간의 정체를 궁금해하지 않는다. 가상 캐릭터와 현실 인간의 조합으로 인위적으로 연출된 결과물이 팬들의 인식 속에서 합쳐지는 것이다. 팬들의 인식이 탈경계적이기 때문에 가상(+현실) 아이돌의 외형(가상 캐릭터)과 실재의 행동(현실 인간)이 자연스럽게 하나로 유지된다. 결국 팬들에 의해 가상(+현실) 아이돌은 가상이 실재로, 실재가 가상으로 전환되면서 실은 존재하지 않는 혼성적 존재로 재구성된다(오윤지, 2024).

둘째, 리얼리즘적인 외형을 가진 캐릭터보다는, 데포르메적인 외형을 가진 캐릭터에 대한 선호가 나타난다(김다인·이지영·남양희, 2023). 기술의 발전으로 가상 캐릭터들이 전보다 훨씬 자연스럽고 점점 더 실제 인간에 가까워지고는 있지만, 외형이나 행동에 여전히 부자연스러움이 존재하는 것도 부정할 수 없다. 그리고 아무리 기술이 더 발전한다 해도 가상 캐릭터들이 매개의 결과물인 한, 여전히 현실 속 대상만큼의 실재감을 갖지는 못한다. 그렇기에 리얼리즘적인 외형이 아니더라도, K/DA처럼 처음부터 게임 캐릭터이거나, 이세계아이돌이나 플레이브처럼 데포르메적인 외형의 가상(+현실) 아이돌이 인기를 끄는 것으로 보인다. 전술했듯 팬들이 가상 아이돌/콘텐츠를 수용하는 데 중요한 것은 가상 세계 안에 존재하는 환경, 캐릭터(의 행위), 상황과 개연성들이 얼마나 신뢰할 만하고 현실적이냐, 다시 말해 얼마나 핍진적이냐다. 따라서 리얼리즘적 외형 대신 데포르메적 외형이, 설정과 이야기, 그리고 때로는 기술의 부자연스러움이나 불완전성과도 함께 결합해 핍진성을 채워 나간다.

앞선 흐름과의 연관 속에서 셋째는, 때로 기술적 오

류가 팬들에게 새로운 즐거움을 주기도 한다는 것이다. 모든 가상 아이돌의 탄생과 활동은 여러 기술의 결합을 통해 이뤄진다. 특히 실시간으로 현실 인간의 움직임이 그대로 반영되는 모션 캡처와 실시간 렌더링 기술을 쓰는 가상 아이돌 같은 경우에는, 기술과 인간이 합쳐지고 부딪치는 과정에서 완벽하지 못한 기술이 팬들에게 예측하지 못한 즐거움을 제공하기도 한다(오윤지, 2024). 물론 기술적 오류는 그 자체로 즐거움이라기보다는 일종의 사고에 가깝고, 발생하지 않는 것이 더 이상적일 수 있다. 기술적 오류가 즐거움이 되는 데 있어 중요한 것은, 가상 캐릭터 뒤 현실 인간의 반응이다. 가상 캐릭터 차원에서 발생한 문제를 재미로 승화시킬 수 있을지의 여부가 현실 인간이 어떻게 하느냐에 따라 달라진다. 플레이브 같은 경우 멤버들이 오류에 재치 있게 대처하면서 화제가 되고, 화제의 장면들이 모여 콘텐츠화하며, 그 콘텐츠들이 팬들의 입덕 계기가 되거나 덕질을 지속하게 만드는 기제로 작용한다. 현시점에서 기술적 오류는 가상 아이돌보다 가상+현실 아이돌 팬들에게 즐거움으로 다가갈 확률이 높고, 그나마도 아직은 가상(+현실) 아이돌 팬들 사이에서 보편화된 흐름은 아니며, 기술이 점점 발전하는 상황에서 앞으로도 그 흐름이 계속될지는 미지수라 볼 수 있겠다.

가상(+현실) 아이돌의 팬이 된다는 것은 이제 실체가 없는 대상에 감정을 이입하는 단순한 행위가 아니라, 현실과 가상의 경계를 허물고 그사이, 혹은 양쪽 모두에 위치한 혼종적 존재를 받아들이는 일을 의미한다. 그 과정에서 불완전한 텍스트의 빈 곳을 채우고, 핍진성을 느끼는 존재가 되어감은 물론이다. 혹자는 가상(+현실) 아이돌 팬질을 두고 현실에 뿌리를 두지 않는 (대상을 향한) 팬질은 진정한 팬질이 아니라고 말할지 모르겠다. 하지만 대상이 무엇이 됐든 그것이 팬들의 인식 속에서 하나의 가시적이면서도 구체적인 존재로 받아들여진다면, 이미 그것은 현실에 뿌리를 내린 것이며, 그 안에는 진정한 팬심과 그렇지 못한 팬심이 따로 존재하지 않는다. 그 모든 것이 팬덤이다. 그럼에도 가상(+현실) 아이돌 팬덤의 경우 현존하는 논의들이 그 양상과 의미, 그리고 새롭게 발생할 수 있는 긍정적이거나 우려스러운 이슈들을 충분히 설명하고 있지 못하기 때문에, 당분간의 팬덤 담론에서 중요한 위치를 점할 가능성이 높아 보인다. 더욱이 최근 등장하는 가상(+현실) 아이돌들의 성공과 진화가 앞으로 더욱 새로운 아이돌들의 본격적인 등장을 예고한다는 점에서도 그에 대한 팬덤은 지속적으로 논의될 가치가 있다.

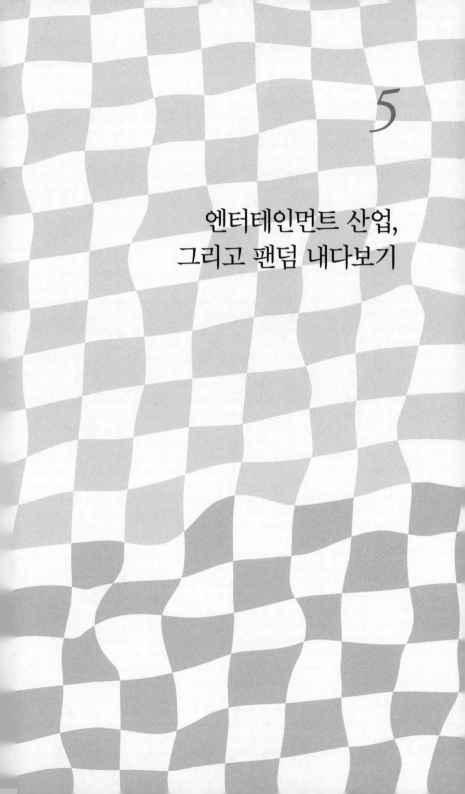

5

엔터테인먼트 산업,
그리고 팬덤 내다보기

1. 최근 엔터테인먼트 산업 내 주요 이슈

앞서 놀이와 노동, 팬 플랫폼, 가상과 현실 등의 키워드를 중심으로 아이돌/팬덤을 살펴보았다. 하지만 지금의 아이돌/팬덤과 관련해 논의가 필요함에도 다루지 못한 이슈들이 많다. 더욱이, 지금 이 순간에도 새로운 이슈들이 광범위하게 빠른 속도로 늘고 있다. 앞선 논의의 연장선상에서 현재와 앞으로의 팬덤에 중요한 영향을 미칠 것으로 여겨지는 부분을 살펴보고자 한다. 기업 비즈니스의 최종 심급으로서의 팬덤, 포카 문화, SM엔터테인먼트를 둘러싼 경영권 분쟁, 어도어 경영권 분쟁이 그것이다.

1) 기업 비즈니스의 최종 심급으로서의 팬덤

팬덤이 엔터테인먼트사뿐 아니라, 온갖 기업들의 비즈니스 전략이 지향하는 최종 심급이 되어 간다. 월트 디즈니 컴퍼니는 마블 엔터테인먼트를 인수한 후, 마블 영화의 팬덤을 활용해 거대한 엔터테인먼트 제국을 구축했다. 마블 시네마틱 유니버스로 팬들을 캐릭터와 스토리에 깊이 빠져들게 만들고, 개별 히어로와 영화를 서로 연결해 팬덤의 참여를 지속하고 확장해 왔다. 영화 흥행에 그치지 않고 각종 캐릭터 상품, 테마파크, 텔레비전 시리즈, 게임 등을 통해 거대한 수익을 창출하고 더 많은 팬을 끌어들여 왔음은 말할 것도 없다. 팬덤은 디즈니가 마블을 성장시키는 원동력으로 작용했다.

스타벅스는 고객들과의 긴밀한 관계를 구축하기 위해 로열티 프로그램인 '스타벅스 리워드'를 도입했다. 스타벅스 리워드를 통해 고객들은 음료를 구매할 때마다 포인트를 적립하고, 적립된 포인트를 통해 할인 혜택이나 무료 음료를 받을 수 있다. 또 스타벅스는 열성적인 고객의 의견을 반영해 새로운 메뉴를 개발하거나 서비스를 개선하는 등 고객의 팬화, 그리고 팬의 참여를 유도해 왔다. 애플은 독창적인 제품 디자인과 이용자 경험, 폐쇄적 생태계를 통해 충성도 높은 팬덤을 구축했으며, 애플의 팬들은 매년 신제품 출시 때마다 열렬한 반응을 보인다. 다양한 분야의 기업들이 팬덤을 활용해 브랜드 가치를 높이고 장기적인 비즈니스 성공을 도모하고 있다. 기업들에게 소비자의 팬화는 선택이 아닌 필수이며, 팬화된 소비자는 기업의 핵심 자산으로 여겨진다.

기업들이 팬덤에 관심을 갖는 이유는 다음과 같다.

첫째, 팬은 특정 브랜드나 상품에 대해 상대적으로 높은 충성도를 보인다. 팬은 지지 대상에 대한 강한 애정을 가지며, 그 애정에 기반해 브랜드/상품에 대한 관심과 지지를 표현한다. 기업들에게 소비자의 팬화는 자사 브랜드에 대한 충성도 높은 소비자를 확보할 기회를 제공한다. 둘째, 팬은 자발적으로 브랜드나 상품을 홍보하고 추천하는 역할을 한다. 이러한 자발적 마케팅을 통해 기업은 비용 절감과 높은 효과를 동시에 취할 수 있다. 셋째, 팬화는 기업-소비자 간 장기적 관계를 구축하게끔 만든다. 팬덤을 형성한 소비자들은 한두 번의 구매에 그치지 않고 지속적으로 브랜드/상품과 상호 작용하려 한다. 이는 기업들이 지속적이고 안정적인 매출을 유지하는 데 도움을 준다. 넷째, 팬은 단순히 수동적인 소비자가 아니라, 기업의 브랜드 이미지 형성, 상품 개발·판매, 마케팅 등에 적극적으로 참여하는 존재들이다. 그 과정에 자신의 의견을 개진하고, 때로는 기업의 의사 결정에 중요한 영향을 미치기도 한다. 기업 입장에서는 덕분에 소비자 니즈를 직접 반영하고 상품의 품질과 만족도 제고가 가능해진다. 결국 팬덤이 기업들 비즈니스 전략의 최종 심급이 된다는 것은, 팬이 된 소비자가 기업의 다양한 활동에 적극 참여하고, 기업의 역할을 나눠 가지며, 그럼으로써 기업의 사업 영위를 다양하면서도 지속 가능하게 만들어 줌을 의미한다. 누군가 혹은 무언가를 좋아하는 마음을 모두가 갖고 있다면, 팬덤 비즈니스는 그 마음을 훔치기 위해 작동한다.

　　하지만 기업들이 팬덤을 비즈니스 전략화하는 행위는 여러 면에서 긍정적이지만은 않다. 먼저, 팬덤은 수익 창출의 도구가 아니다. 팬덤이 가진 강력한 몰입과 소비력을 이용해 브랜드 충성도를 높이거나 상품 판매를 극대화하려는 시도는, 팬덤의 자유롭고 비경제적이며 창조적인 측면을 간과한 것으로 팬덤을 팬덤이 아니게 만드는 일이다. 다음으로, 기업들은 팬들의 감정적 투자를 이용해 팬들과 장기적인 관계를 만들어 가려 하지만, 이는 팬들이 갖는 열정과 애정을 상업적 이익을 위해 착취하는 형태로 나타나기 쉽다. 마지막으로, 기업들이 팬덤을 조직화하고 관리하려는 시도는 팬덤의 자발성과 다양성을 약화시킴은 물론이고, 팬덤이 가진 독립적이고 자율적인 속성을 기업의 상업적 이익에 종속시키는 결과를 초래할 수 있다. 결론적으로 기업들이 팬덤에 관심을 갖는 목적은 상업적 이익을 극대화하기 위함이 크지만, 이는 팬덤이 가진 진정성을 훼손할 수 있다. 팬덤이 가진 고유의 문화적 속성과 가치를 존중하지 않고 상업적 이익을 우선시하는 접근은, 장기적으로 팬덤의 피로감과 반발을 초래하고, 팬덤의 지속을 위협할 수 있다. 팬덤을 들여다보는 일이 엔터테인먼트 산업에서만이 아니라 다른 많은 산업에서도 갈수록 중요해지는 이유이자, 그런 산업 자본의 비즈니스 전략 변화를 꾸준히 넓고 깊게 들여다보아야 하는 이유다.

2) 포카 문화

포카[48] 문화는 크게 수집과 거래 차원으로 나눠 볼 수 있다. 먼저, 엔터테인먼트사는 음반 판매량 증진을 위해 멤버별 포카를 여러 장 만들고, 그중 한두 장만 랜덤으로 증정하는 식의 마케팅을 펼치고 있다. 이에 팬들은 자신이 좋아하는 앨범이나 멤버(들)의 포카 전종을 모으기 위해 앨범을 복수로 구매한다. 특정 앨범이나 멤버의 포카 전종을 모으(고 난 후 스

---

48 '포토 카드'의 줄임말이다. 유명인의 사진을 카드형으로 인쇄한 것을 말한다. 트레이딩 카드 문화에서 착안해 한국 아이돌 팬덤계에 널리 퍼지게 되었으며, K팝의 인기가 높아짐에 따라 해외로도 그 문화가 전파되었다. 아이돌 팬덤계뿐 아니라 다른 분야에서도 그 문화가 발견된다. 종류는 다음과 같다.

① 앨포(앨범 포토 카드): 앨범 구성에 포함돼 있는 포토 카드.
② 미공포(미공개 포토 카드): 음반 판매처별 특전으로 제공되는 포토 카드. 예판 특전 포카(예약 판매 기간에 앨범 구매 시 증정), 팬사 응모 특전 포카(팬사인회 응모 기간에 앨범 구매 시 증정), 럭드 포카(앨범을 구매하고 오프라인 자판기나 온라인으로 럭키 드로lucky draw[제비뽑기]하는 포카) 등이 있음.
③ 공방포카(공개 방송에 가면 주는 포토 카드)
④ 비공포: 인쇄사나 팬들이 비공식으로 제작한 포토 카드.

크랩하)는 행위를 '드래곤볼Dragon Ball'[49]로 표현하기도 한다. 손상을 막기 위해 카드 프로텍터나 슬리브에 씌우는 것은 물론이고, 각종 스티커나 장식 등을 이용해 포카를 꾸미는 문화도 빼놓을 수 없다. 그 과정이나 결과를 SNS나 유튜브 등에 인증하거나 하나의 콘텐츠로 업로드하는 경우도 많다. 운이 좋으면 앨범 몇 장의 구매만으로 자신만의 목표를 달성할 수 있지만, 운이 나쁘면 수십 장의 앨범을 구매한다 해도 목표 달성이 어려울 수 있는 것이 포카 수집이다. 포카가 음반 판매량의 주축이 되는 것도 이런 포카의 랜덤성과 무관하지 않다. 그래서 수집한 포카에 대한 팬 간 거래도 활발하다. 갖고 싶은 포카만 구하는 경우, 드래곤볼을 위해 전 앨범이나 멤버의 포카를 구하는 경우, 지금은 구할 수 없는 예전 포카나 한정판 포카를 소장하려는 경우 등 거래 이유도 다양하다. 거래는 보통 SNS, 중고 거래 플랫폼, 포카 전용 플랫폼 등을 통해 이뤄진다.

　　엔터테인먼트사 입장을 고려했을 때, 포카의 유행 이유로 가장 떠올리기 쉬운 것은 '수익 다각화의 일환'이다. 대

49　토리야마 아키라鳥山明의 망가 《드래곤볼》에서는 세계 곳곳에 흩어져 있는 7개의 드래곤볼을 모으면 용신이 등장해 소원을 이뤄주는데, 작품 속 캐릭터들이 소원 성취를 위해 드래곤볼을 전부 모으는 과정을, 팬들이 포카 전종을 모으는 과정에 빗댄 것이다.

중음악을 듣는 방식은 음반에서 음원 중심으로 이동한 지 오래다. 더 이상 음반만으로 수익을 내기 어려운 상황에서 엔터테인먼트사가 떠올려 볼 수 있는 타개책 중 하나는 포카일 수 있다. 일차적으로 포카는 앨범을 구매한 사람만 소장할 수 있는 아이템이다. 팬이라면 당연히 구매욕이 생길 수밖에 없다(박이현, 2016). 카드를 수집하는 과정에서 팬들에게는 물질적 동기가 형성된다. 일단 포카를 획득하고 나면 팬들은 아티스트의 다양한 모습을 찾고자 더 많은 포카를 검색하고 수집하게 된다. 수집이라는 행위는 그들 각각에게 다른 의미로 다가갈 수 있지만, 그 의미들에서 발견되는 중요한 지점 중 하나는 수집이 곧 기록이 된다는 것이다. 팬들은 포카를 구입하고 보관하고 꾸미는 과정을 마음속 아티스트와 함께하는 순간으로 추억한다. 거기에는 개인적인 향수뿐만 아니라 당시 아이돌의 모습이나 상황들도 포함된다. 포카의 물질성도 팬들에게 중요하다. 좋아하는 아티스트의 사진을 휴대전화에 저장해 놓고 언제든 꺼내 볼 수도 있겠지만, 그것은 디지털 재현물에 불과하다. 포카의 경우 촉감이 있고 항상 지니고 다닐 수 있는 일종의 배지이자 토템과 같은 존재라는 점에서 팬들에게 독특한 팬질 요소로 자리하게 된다(채희준·김상규, 2023).

엔터테인먼트사들은 앨범 버전 수를 늘리거나, 앨포를 다양한 버전으로 나누거나, 두 방법을 함께 씀으로써 랜덤 비율을 높인다. 미공포를 증정하기도 한다. 이 중에서도 미공포는 음반 판매처가 독자적으로 제작·증정하는데, 엔터테인먼트사에서 음반 판매처와 계약을 맺어 맴버들의 사진을 보내고, 판매처가 사진을 포카로 제작해 미공포로 증정하는 식이다. 엔터테인먼트사 입장에서는 앨범 판매량을 늘려 좋고, 음반 판매처 입장에서는 매출이 증가해 이득이다. 문제는 포카 문화가 정착·확산하면서 음반 판매처도 늘어왔고, 그에 따라 팬들이 사야 할 판매처별 각기 다른 종류의 미공포도 기하급수적으로 늘고 있다는 점이다. 엔터테인먼트사와 음반 판매처가 공모해 지나치게 많은 종류의 포카를 제작하는 것이 팬들의 팬심을 이용한 사행성 상술이라는 지적이 이어지자, 2023년 8월에는 공정거래위원회가 현장 조사에 나서기도 했다. 앨범＋포카 판매가 '독점규제 및 공정거래에 관한 법률'에서 거래를 강제하는 행위라 규제하는 '끼워팔기'가 아닌지 살펴본 것인데, 엔터테인먼트사와 음반 판매처가 팬들에게 포카를 사라고 강요하지는 않았기에 규제까지는 쉽지 않으리라는 분석이 나온다(공다솜, 2023. 8. 14). 업계 차원의 과도한 포카 제작 자제 노력, 앨범과 포카의 구분 판매 등이 해결 방안일 수는 있겠지만, 포카가 엔터테인먼트사와 음반 판매처의 확실한 수익원으로 자리매김한 상황에서 추가적인 정책 마련이 필요하다.

3) SM엔터테인먼트를 둘러싼 경영권 분쟁

2023년 2월부터 3월까지 SM엔터테인먼트의 창업주이자 전 총괄 프로듀서인 이수만과, 당시 SM엔터테인먼트 경영진 사이에서 경영권 분쟁이 발생했다. 그 과정에서 이수만은 하이브와, SM엔터테인먼트 경영진은 카카오와 손을 잡았다. '이수만+하이브' 연합이 승리할 경우 엔터계 1, 2위가 손을 잡는 초대형 엔터테인먼트 연합이 탄생하고, 'SM엔터테인먼트 경영진+카카오' 연합이 승리할 경우 엔터계 후발 주자라 할 수 있는 카카오가 단숨에 하이브를 위협하는 강력한 2위 자리에 오를 수 있는 상황이었다. 결국 하이브가 SM엔터테인먼트 인수를 자진 중단하고, 카카오 측이 약 39%의 SM엔터테인먼트 지분을 확보하면서 분쟁은 종료됐다.

하지만 분쟁은 많은 것을 남겼다. 우선, 엔터테인먼트 사 1세대 오너 리스크, 글로벌 수준은커녕 상식 수준에도 미치지 못하는 경영의 불투명성, 무리한 사업 확장, 주식 시장에 종속된 콘텐츠 무한 재생산, 레이블과 음악의 다양성을 훼손하는 자본의 독점화 및 수직계열화 등 지난 30여 년 간 K팝 제작 지배 구조가 누적해 왔던 여러 문제점을 만천하에 드러내는 계기가 됐다. 뿐만 아니라 그동안 '문화'산업계에서 함께해 온 기업들임에도 (업계 2위의 SM엔터테인먼트를 손에 넣었을 때 기대할 수 있는) 자사의 이익만을 향해 달려드는 모습을 보임으로써, 경영권 분쟁이 가치가 아닌 자본의 싸움임을 여실히 증명했다.

하지만 SM엔터테인먼트 경영권 분쟁은 단순히 기업들의 경제 논리로만 볼 수 없는 복합적인 문제다. SM엔터테인먼트가 기업이기에 앞서 엔터테인먼트 문화를 이끄는 주요 플레이어 중 하나고, SM엔터테인먼트의 아티스트와 콘텐츠는 문화 상품이자 팬들의 일상에서 매우 중요한 위치를 차지하는 팬질의 질료이기 때문이다. (특히 SM엔터테인먼트) 팬들은 경영권을 둘러싼 자본의 전쟁 앞에서 자신이 좋아하는 아티스트/콘텐츠를 지키기 위해 불안한 나날을 보냈다. 하지만 하이브와 카카오는 둘 다 팬들 시선에 맞춘 선제적 대안이나 해결책을 제대로 제시하지 못했다(이동연, 2023. 3. 9). (SM엔터테인먼트가 그동안 해 왔던 일들이 모두 팬들을 위한 것이라 할 순 없겠지만) SM엔터테인먼트 – 아티스트 – 콘텐츠와 팬들이 만들어 온 시간과 상호 관계는 단순히 경제 논리만으로 설명할 수 없는 것이며, 분쟁 과정에서도 팬들에 대한 고려가 충분히 이뤄졌어야 했다.

4) 어도어 경영권 분쟁

2024년 엔터테인먼트 산업계와 팬덤을 넘어 한국 사회의 문제적 텍스트가 된 어도어 경영권 분쟁을 빼놓을 수 없다.

2024년 4월 22일 하이브 측은 민희진 대표(이하 '민희진')를 비롯한 어도어 경영진이 대외비인 내부 자료를 유출하고 하이브 레이블즈로부터 어도어를 독립시키고 경영권을 탈취하려 했던 정황이 드러났다고 주장하며 내부 감사에 들어갔다. 어도어 경영진 측은 같은 하이브 레이블즈에 속한 빌리프랩의 아일릿이 자사 걸그룹 뉴진스를 카피한 것처럼 보이는 데 대한 항의 차원의 서한을 본사에 보냈을 뿐인데 갑작스럽게 보복성 해임을 통보해 왔다고 반박했다. 이에 하이브는 민희진 주도로 경영권 탈취 계획이 수립됐다는 구체적인 사실을 확인하고 물증도 확보했다고 주장하며, 카카오톡 대화록 일부와 함께 중간 감사 결과를 발표했다. 초반 분쟁의 분위기는 민희진에게 불리하게 흘러가는 것처럼 보였다.

분위기가 반전된 것은 민희진의 4월 25일 첫 기자 회견부터였다. 분쟁의 상대방인 하이브 방시혁 의장이 아니라 대중을 상대로 회견에 나왔다는 점, 경영권 탈취 시도나 업무상 배임과 같은 법적 쟁점을 해명하는 대신 자신의 이슈를 새롭게 던져 가며 하이브에 대한 부정적 여론을 일으키고자 했다는 점, 그리고 무엇보다 기자 회견이라는 공적이면서 격식 있는 무대에서 자신보다 강자로 상정된 대상을 '노빠꾸'로 들이박는 광기와 당당함을 보여 줬다는 점 등이 맞물리면서 기자 회견은 말 그대로 '대박'을 쳤다. 솔직함과 충동, 의도와 준비가 함께하는 진귀한 광경을 많은 사람이 파격과 힘함으로 받아들였다. 기자 회견 이후 판도는 확장됐고, 민희진 측의 입장과 전략이 여론과 공명하면서 하이브와 어도어 경영진 간 분쟁도 갈수록 혼탁해졌다(윤광은, 2024. 5. 18). 법적 쟁점은 희석되고, 민희진에 의해 설정된 쟁점들이 새롭게 떠올랐으며, 분쟁에 대중까지 본격 개입하는 양상이 펼쳐진 것이다.

　　뉴진스와 맺고 있는 마치 모녀 사이와도 같은 관계, (한 레이블의 대표이면서도) 한 명의 아랫사람으로서 윗사람을 모실 수밖에 없는 애환, '개저씨'들에게 괴롭힘당하는 여성의 수난 등을 일상의 언어와 말투로 뒤섞음으로써 민희진은 엄마/직장인/여자이자 약자/피해자로서의 포지션을 점유했다. 하이브는 정확히 그 정체성의 대립 항에 있는 강자/가해자가 되었다. 동시대 사람들의 지배적 코드,[50] 특히 젊은 인터넷 다중의 코드에 맞춤형으로 호소한 것처럼 보이는 민희진의 전략은, 계획대로 된 것인지 그렇지 않은지 모르지만 결과적으로는 치열한 여론전으로 이어졌다(윤광은, 2024. 5. 18). 그리고 민희진은 2024년 한국 사회에서 사람들의 입에 가장

50　기표signifier(기호가 취하는 형태)와 기의signified(기표가 제시하는 개념)를 특정 영역 내에서 결합시키기 위한 관습의 과정적 체계를 의미한다. 코드는 기호에 의미 산출의 틀을 제공한다. 해석 공동체가 채택하는 해석의 도구이기도 하다(Chandler, 2002/2006).

빈번하게 오르내리는 대상 중 하나가 되었다.

　　짧게 여러 이슈를 짚는 지면에서 민희진, 그리고 어도어 경영권 분쟁에 대한 논의를 입체적으로 펼치고 결론 내기는 어렵다. 다만 분명한 것은 분쟁 과정에서 민희진이 분쟁 자체만이 아니라 분쟁을 둘러싼 이슈들, 나아가 한국 사회의 민감한 이슈들까지 함께 건드리면서 원래의 이슈를 대폭 확장함과 동시에 대중을 분쟁에 적극 참여시켰다는 사실이다. 또, 분쟁은 하이브 멀티 레이블 시스템의 비인도적 운영 방식, 레이블 간 경쟁과 끌어내리기, 표절, 그로 인한 소속 아티스트의 부품화·사물화(윤광은, 2024. 4. 27) 등과 같이 분쟁의 원인과 직접 관련된 문제점들은 물론이고, 다른 엔터테인먼트사를 향한 지나친 경쟁심, 신흥 거대 엔터테인먼트사의 긍정적이지 못한 경영 및 조직 문화 같은 엔터테인먼트 산업 내 여러 문제점까지 드러내는 계기로 작용했다.

이상의 네 가지 외에도 K팝의 초/국적화, 아이돌의 감정/노동과 연애, 트롯 팬덤, 중장년 팬덤의 확산, 코로나19 전후의 팬덤, 신자유주의와 아이돌의 성공 이데올로기, 응원봉과 팬덤의 행동주의 등 이 책에서 다루지 못한 이슈들이 수없이 많다. 하나같이 중요하지 않은 이슈가 없으며, 앞으로의 팬덤 논의에서 모두 더 깊이 탐구될 필요가 있다. 개중에는 현재 진행형인 이슈도 있고 이미 완료된 이슈도 있다. 이미 지나가 버린 양상이라 해도 그 중요성을 감안했을 때 분석이 이뤄져야 하고, 일단 분석을 해놓으면 향후 유사한 일이 발생했을 경우에도 정리에 도움을 받을 수 있을 것이다. 그동안 한국에서 정말 많은 아이돌/팬덤 논의가 이뤄져 왔음에도 여전히 빈 곳이 많고 빈 곳을 채울 진지한 고민은 부족한 실정이다. 아이돌 산업과 팬덤 겉과 속의 명과 암을 두루 깊이 있게 망원경과 현미경으로 들여다보려는 노력들이 요청된다.

2. 팬덤의 미래: 다시 팬덤을 팬에게로

팬은 좋아하는 대상을 향한 단순한 지지와 소비에서 벗어나, 콘텐츠 생산에 직접 참여하고, 자신이 좋아하는 대상의 성공을 적극적으로 지원·후원하며, 엔터테인먼트사의 비즈니스 모델에 깊숙이 관여할 뿐 아니라, 엔터테인먼트 산업의 지속성과 이익 창출을 돕는 역할까지 수행한다. 이러한 변화는 팬덤이 능동적이고 창조적인 문화를 형성하는 동시에, 산업 자본의 상업적 전략에 동원될 가능성도 커진다는 양면성을 드러낸다. 팬덤은 엔터테인먼트 산업과 끊임없이 상호 작용하며 형태를 바꿔 가는 문화적 실천이자 산업 자본의 비즈니스 전략의 수단이고, 팬은 문화와 산업의 중심에 서서 새로운 잉여/가치를 창출하는 주체이자 객체다. 팬덤의 영향력은 나날이 커지고 있으며, 그에 따라 팬덤을 활용하고 내재화하기 위한 엔터/산업 자본의 욕망도 팽창하고 있다.

하지만 팬덤이 양가적 힘과 가능성을 가졌다는 말이, 양방향의 힘과 가능성의 크기가 동일함을 의미하지는 않는다. 팬덤 내부에서 외부로 뻗어나가는 자율적이고 창의적인 힘에 비해, 산업 자본이 펼치는 비즈니스 전략의 정교화·복잡화, 미디어 기술의 발전, 초국가주의의 편재, 국가 차원의 문화 확산 전략 등과 함께 팬덤 외부에서 내부로 작용하는 힘이 훨씬 가시적이고 강해 보인다. 중요한 부분은, 후자의 힘이 엔터테인먼트 자본주의의 본격화와 함께 갈수록 거대해지고 단단해진다는 데 있다. 그 힘이 팬덤이 가진 긍정적 힘을 억압하고, 진정성을 훼손하며, 더 이상 팬덤을 팬덤이 아니게 만들 위험을 내포함은 말할 것도 없다. 팬들은 데이터베이스화되고, 플랫폼에 의해 더욱 치밀하게 관리되며, 자신이 알든 모르든 산업 자본이 막대한 수익을 창출하는 데 도움을 주게 될 것이다. 자유롭게 자신들의 목소리를 내기 어려워지고, 팬 활동 대부분이 산업 자본이 설정한 틀 안에서만 이뤄지게 될 수밖에 없다.

물론 팬덤의 미래는 아직 정해지지 않았다. 힘의 방향과 크기와 강도가 산업 자본 쪽으로 쏠리는 감이 있지만, 그렇다고 현시점에서 팬덤의 미래를 완전히 비관하는 것은 적절하지 않아 보인다. 팬덤은 자발적이고 창의적인 힘을 바탕으로 성장해 왔고, 그것의 가치는 그들이 스스로 만들어 내는 독특한 문화, 그리고 그 과정에서 형성되는 소속감과 유대/연대감에서 비롯된다. 그 힘과 가치를 토대 삼아, 산업 자본으로 끌려가고 있는 팬덤의 무대를 다시 팬들 스스로 만들고 관리하고 유지하고 확장하던 곳으로 끌어올지에 대한 고민이 요구된다. 그곳이 이전의 무대 그대로여야 할지, 산업 자본과 어느 정도 타협한 무대여야 할지, 아니면 완전히 새로운 어떤 무대여야 할지 지금으로서는 알 수 없다. 분명한 것은, 그 고민과 노력에 있어 가장 중요한 역할을 수행하고 또 수행해야 할 주체는 팬이라는 사실이다. 지금의 활동 무대가 산업 자본에 보다 가까운 것처럼 보인다면, 팬들은 그렇게 짜인 구조에서 그 구조와 함께, 그리고 때로는 그 구조에 반하는 움직임을 보여가며 팬덤을 팬에 가까운 것으로 만들 필요가 있다. 그곳이 어디가 됐든 팬이 있는 공간을 창의적으로 개척해 나가는 존재는 다름 아닌 팬이며, 팬덤 문화를 이루는 여러 주체 사이에 역동적인 긴장감을 만들어 내면서 앞으로 나아가게 하는 존재 역시 팬이기 때문이다.

　　팬덤의 무대가 지금보다 훨씬 더, 혹은 (가능할지 모르겠지만) 완전히 팬들 것이 될 때까지 변화하는 엔터테인먼트 산업과의 연관 속에서 아이돌/콘텐츠와 수용을 새롭고 다양하게 규정하고, 팬들의 목소리와 행동이 어디를 향해야 하는지, 그리고 그 구체적인 전략·전술은 어때야 할지에 대해 보다 폭넓고 깊이 있게 논의하려는 시도가 계속돼야 한다. 그 모든 시도는 당연히 우리로 하여금 더 즐겁고 의미 있게 팬질을 할 수 있도록 하기 위한 것이다. 팬들이 자신들의 목소리를 더욱 강하게 내고, 커뮤니티 내에서 자율적이고 민주적인 의사 결정 과정을 통해 활동의 방향성을 스스로 결정하며, 궁극적으로는 여러 방식으로 산업 자본의 상업적 의도에 종속되지 않는 팬덤 문화를 만들어 가게끔 하기 위한 것이다. 그렇기에 새로운 팬 활동을 찾고 발견하며, 그것을 읽어 내려는 시도들이 결코 끊겨서는 안 된다. 계속해서 팬덤 바깥에서 안으로 향하는 산업의 힘을 주시하면서, 즐거움을 즐거움이 아니게 만들 우려가 큰 그 힘의 작용을 반감 혹은 무화시켜야 한다. 우리가 다른 많은 사람과 함께 주체적으로 좋아하는 대상을 좋아하며 살아가기 위해, (그에 개입하는) 외부적 힘에 관심을 기울이는 일은 아무리 강조해도 지나치지 않다.

참고 문헌

강신규 (2018). 〈방송의 게임화 연구〉. 서강대학교 일반대학원 신문방송학과 박사 학위 논문.

강신규 (2020a). "커뮤니케이션 소비로서의 랜선문화: 브이로그 수용과 '연결' 개념의 확장," 〈한국방송학보〉, 34권 6호, pp.11~55.

강신규 (2020b). "현실로 들어온 놀이: 서드 라이프 시대의 디지털 게임". 원용진 등. 《서드 라이프: 기술혁명 시대 새로운 라이프스타일》(pp.139~177). 커뮤니케이션북스.

강신규 (2021). "가상과 현실 사이에 놓인 아이돌: K/DA와 에스파(aespa)를 중심으로," 〈문화/과학〉, 105호, pp.212~225.

강신규 (2022). "커뮤니케이션을 소비하는 팬덤: 아이돌 팬 플랫폼과 팬덤의 재구성," 〈한국언론학보〉, 66권 5호, pp.5~56.

강신규·이준형 (2019). "생산과 소비 사이, 놀이와 노동 사이: 〈프로듀스 48〉과 팬덤의 재구성," 〈한국언론학보〉, 63권 5호, pp.269~315.

강준만·강지원 (2016). 《빠순이는 무엇을 갈망하는가?》. 인물과사상사.

고길섶 (1998). 《소수문화들의 정치학》. 문화과학사.

공다솜 (2023. 8. 14). ""나올 때까지 산다"… 팬심 이용한 '포토카드 끼워팔기' 조사," 〈JTBC 뉴스〉, Retrieved from https://news.jtbc.co.kr/article/article.aspx?news_id=NB12139687

금빛나 (2017. 5. 25). "공정함은 어디에… 고개든 '악마의 편집'," 〈서울경제〉, Retrieved from https://www.sedaily.com/NewsView/1OG25SDIHE

김다인·이지영·남양희 (2023). "1996~2023 가상 아이돌 현황 비교 분석," 〈디지털콘텐츠학회논문지〉, 24권 9호, pp.2003~2014.

김상민 (2016). 《디지털 자기기록의 문화와 기술》. 커뮤니케이션북스.

김상민 (2017. 8. 4). "플랫폼 자본주의: 삶과 노동의 새로운 '판'을 짜는 방식," 〈워커스〉, Retrieved from http://workers-zine.net/27331

김수정 (2018). "팬덤과 페미니즘의 조우," 〈언론정보연구〉, 55권 3호, pp.47~86.

김수정 · 김수아 (2015). "해독 패러다임을 넘어 수행 패러다임으로: 팬덤 연구의 현황과 쟁점," 〈한국방송학보〉, 29권 4호, pp.33~81.

김영대 (2023). "4세대? 5세대? 아이돌 세대론은 어떻게 만들어지는가?," 〈한류나우〉, Vol.56, Retrieved from https://kofice.or.kr/hallyunow/vol56/sub/s41.html

김영찬 · 이기형 (2003). "〈네 멋대로 해라〉: 행복한 폐인들의 미디어 순례기와 문화적 수행," 한국언론학회 · MBC 공동세미나 '방송프로그램의 사회 · 문화적 가치의 평가' 자료집, pp.59~80.

김창남 (2010). 《대중 문화의 이해(전면 2개정판)》. 한울아카데미.

김현정 · 원용진 (2002). "팬덤 진화 그리고 그 정치성: 서태지 팬클럽 분석을 중심으로," 〈한국언론학보〉, 46권 2호, pp.253~278.

김호영 · 윤태진 (2012). "한국 대중문화의 아이돌(idol) 시스템 작동방식," 〈방송과 커뮤니케이션〉, 13권 4호, pp.45~81.

남혜연 (2024. 2. 26). "'하이브' 2023년 매출 2조 1781억, 영업이익 2958억… 전년 比 약 25% 성장," 〈마이데일리〉, Retrieved from https://mydaily.co.kr/page/view/2024022616505792369

〈디지털투데이〉 AI리포터 (2024. 2. 5). "디어유, 영업이익 전년비 75.6% 증가… 지속 성장 중," 〈디지털투데이〉, Retrieved from https://www.digitaltoday.co.kr/news/articleView.html?idxno=504913

박동숙 (1999). "팬은 누구인가? — 대중문화의 주체적 수용자," 김정기 · 박동숙 등. 《매스미디어와 수용자》(pp.216~243). 커뮤니케이션북스.

박이현 (2016). "포토카드에 열광하는 이유," 〈월간사진〉, 582호, pp.112~113.

손안나 (2024. 5. 28). "플레이브 좋아하세요?," 〈BAZAAR〉, Retrieved from https://www.harpersbazaar.co.kr/article/1865449

신윤희 (2018). 〈아이돌 팬덤 3.0. 연구: '참여' 모델의 '양육'형 팬덤, '워너원(WANNER · ONE)' 팬덤을 중심으로〉. 서강대학교 일반대학원 신문방송학과 석사 학위 논문.

신윤희 (2022). "코로나19 이후의 팬덤," 류진희 등.《페미돌로지》(pp.300~329). 빨간
　　소금.

오윤지 (2024). "버추얼 아이돌 팬덤의 향유 문화 연구,"〈한국콘텐츠학회논문지〉,
　　24권 2호, pp.184~192.

우수민 (2023. 7. 14). "하이브 '위버스,' 전세계 팬덤 플랫폼 최초 1억 다운로드 돌파,"
　　〈매일경제〉, Retrieved from https://www.mk.co.kr/news/it/10784676

윤광은 (2024. 4. 27). "하이브의 뒤틀린 패밀리십이 부른 민희진 사태,"〈미디어스〉,
　　Retrieved from https://www.mediaus.co.kr/news/articleView.html?idxno=308654

윤광은 (2024. 5. 18). "사람들은 민희진의 '무엇'에 열광하고 있을까,"〈미디어스〉,
　　Retrieved from https://www.mediaus.co.kr/news/articleView.html?idxno=308821

원용진·강신규 (2013). "'게임화'로 구축된 텔레비전 리얼 버라이어티 쇼의 게임적 리
　　얼리즘,"〈대중서사연구〉, 30집, pp.321~361.

원용진·박서연 (2021).《메가플랫폼 네이버: 한국 인터넷 산업의 성장과 그늘》. 컬처
　　룩.

위버스컴퍼니 (2023).〈2023 위버스 팬덤 트렌드〉.

이광석 (2017). "자본주의 종착역으로서 '플랫폼 자본주의'에 관한 비판적 소묘,"〈문
　　화과학〉, 92호, pp.18~47.

이광석 (2020).《디지털의 배신: 플랫폼 자본주의와 테크놀로지의 유혹》. 인물과사상
　　사.

이동연 (2011). "아이돌 팝이란 무엇인가 ― 징후적 독해," 이동연 엮음.《아이돌:
　　H.O.T.에서 소녀시대까지, 아이돌 문화 보고서》(pp.14~48). 이매진.

이동연 (2023.3.9). "팬보다 위대한 경영권은 없다,"〈동아일보〉, Retrieved from https://
　　www.donga.com/news/Opinion/article/all/20230309/118241515/1

이준형 (2017).〈아이돌 상품론〉. 서강대학교 일반대학원 신문방송학과 석사 학위 논
　　문.

이준형·강신규 (2022). "놀동의 붕괴, 정동의 봉합: 다시,〈프로듀스 48〉과 팬덤의 재
　　구성,"〈지역과 커뮤니케이션〉, 26권 2호, pp.71~106.

이지혜 (2023. 2. 16). "디어유, 사상 최대 실적 발판삼아 일본 공략 본격화,"〈thebell〉,
　　Retrieved from https://www.thebell.co.kr/free/content/ArticleView.asp?k
　　ey=202302151334277960101950

장우정 (2024. 6. 25). "'BTS 군백기'에 팬덤 주춤… 위버스는 유료화, 디어유는 日

로 돌파구,"〈조선비즈〉, Retrieved from https://biz.chosun.com/industry/business-venture/2024/06/25/OHQJI7G7XRFTFCPT4CV4UYH3YQ/?utm_source=naver&utm_medium=original&utm_campaign=biz

장지현 (2022). ""항상 함께할 거예요"의 이면," 류진희 등,《페미돌로지》(pp.170~196), 빨간소금.

정민우·이나영 (2009). "스타를 관리하는 팬덤, 팬덤을 관리하는 산업: '2세대' 아이돌 팬덤의 문화실천의 특징 및 함의,"〈미디어, 젠더 & 문화〉, 12호, pp.191~240.

정은지 (2023. 5. 4). "덩치 커진 위버스에 광고 붙는다… 수익성 제고 '속도',"〈뉴스1〉, Retrieved from https://www.news1.kr/it-science/general-it/5035770

차우진·최지선 (2011). "한국 아이돌 그룹의 역사와 계보, 1996~2010년," 이동연 엮음,《아이돌: H.O.T.에서 소녀시대까지, 아이돌 문화 보고서》(pp.112~158). 이매진.

채희준·김상규 (2023). "행위자 네트워크 이론을 기반으로 한 K팝 상품 분석: 포토카드와 K팝 팬을 중심으로,"〈한국예술연구〉, 40호, pp.251~272.

최호진 (2022. 9). "글로벌 팬덤 플랫폼 '위버스'의 전략: "팬 커뮤니티-커머스 활동을 한 곳에서," K팝 팬들의 불편 경험 차단한 '방탄 플랫폼',"〈DBR〉, 352호, Retrieved from https://dbr.donga.com/article/view/1202/article_no/10569

하성태 (2016. 3. 13). "[하성태의 사이드뷰] 소녀들의 운명 결정짓는 '보이지 않는 손' ― '신의 영역'에서 소녀들 관장하는〈프로듀스 101〉,"〈오마이뉴스〉, Retrieved 6/6/19 from http://star.ohmynews.com/NWS_Web/OhmyStar/at_pg.aspx?CNTN_CD=A0002189476

홍종윤 (2014).《팬덤 문화》. 커뮤니케이션북스.

한국콘텐츠진흥원 (2020).〈2019 캐릭터 산업백서〉.

한국콘텐츠진흥원 (2023).〈2023 음악 산업백서〉.

한국콘텐츠진흥원 (2024).〈2023년 하반기 및 연간 콘텐츠산업 동향분석 보고서〉.

마에지마 사토시前島賢 (2014). セカイ系とは何か. [김현아·주재명 옮김.《세카이계란 무엇인가》. 워크라이프. 2016].

사사키 아쓰시佐々木敦 (2009). ニッポンの思想. [송태욱 옮김.《현대 일본사상》. 을유문화사. 2010].

사이토 타마키齋藤環 (2014). キャラクター精神分析 ― マンガ·文學·日本人. [이정민 옮

김. 《캐릭터의 정신분석: 만화 · 문학 · 일본인》. 에디투스. 2021].

아즈마 히로키東浩紀 (2001). 動物化するポストモダン: オタクから見た日本社会. [이은미 옮김. 《동물화하는 포스트모던: 오타쿠를 통해 본 일본 사회》. 문학동네. 2007].

아즈마 히로키東浩紀 (2007). ゲーム的リアリズムの誕生 ― 動物化するポストモダン 2. [장이지 옮김. 《게임적 리얼리즘의 탄생 ― 동물화하는 포스트모던 2》. 현실문화연구. 2012].

오스카 에이지大塚英志 (2005).「ジャパニメーション」はなぜ敗れるか. 東京: 角川書店.

오스카 에이지大塚英志 (2016). 感情化する社會. [선정우 옮김. 《감정화하는 사회》. 리시올. 2020].

요모타 이누히코四方田犬彦 (2006). かわいい論. [장영권 옮김. 《가와이이 제국 일본: 세계를 제패한 일본 '귀요미' 미학의 이데올로기》. 펜타그램. 2013].

우노 츠네히로宇野常寛 (2018). 若い読者のためのサブカルチャー論講義録. [김현아 · 주재명 옮김. 《젊은 독자를 위한 서브컬처론 강의록》. 워크라이프. 2018].

이노우에 아키토井上明人 (2012). Gamification. [이용택 옮김. 《게임 경제학》. 스펙트럼북스. 2012].

Abercrombie, N. & Longhurst, B. (1998). *Audiences: A Sociological Theory of Performance and Imagination*. London: Sage.

Azuma, R. T. (1997). "A survey of augmented realty," *Presence: Teleoperators and virtual environments*, 6(4), pp.355~385

Baudrillard, J. (1981). *Simulacres et simulation*. [하태완 옮김. 《시뮬라시옹》. 민음사. 2001].

Birch, K. & Muniesa, F. (2020). *Assetization: Turning things into assets in technoscientific capitalism*. Cambridge, MA: The MIT Press.

Black, D. (2006). "Digital bodies and disembodied voices: Virtual idols and the virtualised body," *Fibreculture Journal*, E(9). Retrieved from https://nine.fibreculturejournal.org/fcj-054-digital-bodies-and-disembodied-voices-virtual-idols-and-the-virtualised-body/

Bolz, N. (2014). *Wer nicht spielt, ist krank*. [윤종석 · 나유신 · 이진 옮김. 《놀이하는 인간: 놀지 못해 아픈 이들을 위한 인문학》. 문예출판사. 2017].

Caillois, R. (1967). *Les Jeux et les hommes: Le masque et le vertige*. [이상률 옮김. 《놀이

와 인간: 가면과 현기증》. 문예출판사. 1994].

Cavicchi, D. (1998). *Tramps like us: Music and meaning among springsteen fans*. Oxford: Oxford University Press.

Chandler, D. (2002). *Semiotics for beginners*. [강인규 옮김. 《미디어 기호학》. 소명출판. 2006].

Duffett, M. (2013). *Understanding fandom: An introduction to the study of media fan culture*. [김수정 · 곽현자 · 김수아 · 박지영 옮김. 《팬덤 이해하기》. 한울아카데미. 2016].

Dyer-Witheford, N. & de Peuter, G. (2009). *Games of empire: Global capitalism and video games*. [남청수 옮김. 《제국의 게임: 전 지구적 자본주의와 비디오게임》. 갈무리. 2015].

Friedman, T. (1993). "Making sense of software: Computer games and interactive textuality". In S. G. Jones (Eds.) (1995), *Cybersociety: Computer-mediated communications and community* (pp.73~89). Thousand Oaks: Sage Publications.

Gray, J. & Lotz, A. (2011). *Television studies*. [윤태진 · 유경한 옮김. 《텔레비전 연구》. 커뮤니케이션북스. 2017].

Grief, M. (2017). *Against everything*. [기영인 옮김. 《모든 것에 반대한다》. 은행나무. 2019].

Hills, M. (2002). *Fan cultures*. London: Routledge.

Huizinga, J. (1955). *Homo ludens: A study of the play element in culture*. [김윤수 옮김. 《호모 루덴스》. 까치. 1981].

Jenkins, H. (1992). *Textual poachers: Television fans & participatory culture*. New York: Routledge.

Juul, J. (2015). *Half-real: Videdo games between real rules and fictional worlds*. [장성진 옮김. 《하프 리얼: 가상 세계와 실제 규칙 사이에 존재하는 비디오 게임》. 비즈앤비즈. 2014].

Juul, J. (2010). *A casual revolution: Reinventing video games and their players*. [이정엽 옮김. 《캐주얼 게임: 비디오게임과 플레이어의 재창조》. 커뮤니케이션북스. 2012].

Kücklich, J. (2005. 1). "Precarious playbour: Modders and the digital games industry,"*Fibreculture*, 5. Retrieved from http:// journal.fibreculture.org/issue5/

kucklich_print.html

Lazzarato, M. (1996). "Immaterial labor". In Paolo Virno & Michael Hardt (Eds.), *Radical thought in Italy: A political politics* (pp.133~147). Minneapolis and London: University of Minnesota Press.

Lazzarato, M. (2004). *La politica dell'evento.* [이성혁 옮김.《사건의 정치: 재생산을 넘어 발명으로》. 갈무리. 2017].

Malpas, S. (2002). *Jean Francois Lyotard.* [윤동구 옮김.《장 프랑수아 리오타르: 포스트모더니즘을 구하라》. 앨피. 2008].

Murray, J. (1997). *Hamlet on the holodeck: The future of narrative in cyberspace.* [한용환 · 변지연 옮김.《사이버 서사의 미래: 인터랙티브 스토리텔링》. 안그라픽스. 2001].

Steyerl, H., Aranda, J., Wood, B. K., Squibb, S., & Vidokle, A. (2017). "Strange universalism (Editorial)," *e-Flux Journal*, 86. Retrieved from https://www.e-flux.com/journal/86/162860/editorial-strange-universalism/

Stitch (2021. 7. 31). "K-Pop's fandom platforms are changing what it means to be an idol: Digital fan clubs are turning into single-purpose social networks," *The Verge.* Retrieved from https://www.theverge.com/22589460/kpop-fan-cafe-weverse-universe-lysn-bts-idol-fandom-group

Sturken, M. & Cartwright, L. (2001). *Practices of looking: An introduction to visual culture.* [윤태진 · 허현주 · 문경원 옮김.《영상문화의 이해》. 커뮤니케이션북스. 2006].

Terranova, T. (2000). "Free labor: Producing culture for the digital economy," *Social Text*, 18(2), pp.33~58.

Wayne, M. (2003). *Marxism and media studies.* [류웅재 · 김수철 · 이희은 · 이영주 · 성민규 옮김.《마르크스, TV를 켜다: 마르크스주의 미디어 연구의 쟁점과 전망》. 한울아카데미. 2013].

Weglarz, G. (2004). "Two worlds of data unstructured and structured," *DM Review*, 14(9). Retrieved from http://www.dmreview.com/article_sub_articleId_1009161.html

Zettl, H. (2013). *Sight, sound, motion: Applied media aesthetics* (7th ed.). [박덕춘 옮김.《영상제작의 미학적 원리와 방법》. 커뮤니케이션북스. 2016].

디시인사이드 갤러리(gall.dcinside.com)

버블 앱

방송통신위원회 '방송콘텐츠 가치정보 분석시스템'(www.racoi.or.kr)

위버스 앱

위버스 홈페이지(https://www.weverse.io)

유니버스 앱

유니버스 홈페이지(https://universe-official.io)

프로듀스 48 공식 홈페이지(produce48.mnet.com/pc/main)

프로듀스 48 '국프의 정원' 홈페이지(www.produce48.kr)

찾아보기